# フランス史10講

柴田三千雄
Michio Shibata

岩波新書
1016

# 目次

# フランスの州

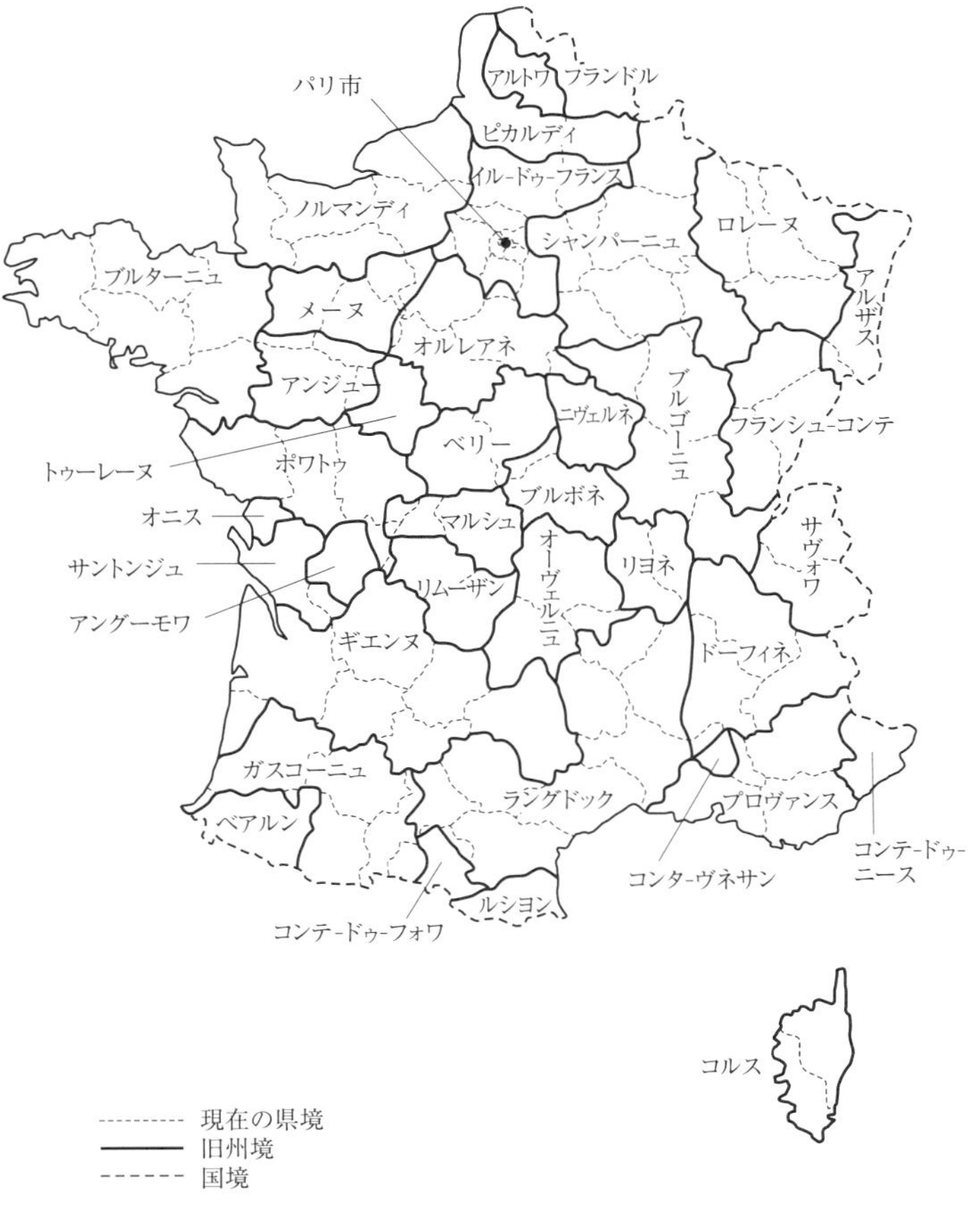

パリ市
アルトワ
フランドル
ピカルディ
イル-ドゥ-フランス
ノルマンディ
シャンパーニュ
ロレーヌ
アルザス
ブルターニュ
メーヌ
オルレアネ
アンジュー
ニヴェルネ
ブルゴーニュ
フランシュ-コンテ
トゥーレーヌ
ベリー
ポワトゥ
ブルボネ
オニス
マルシュ
サヴォワ
サントンジュ
オーヴェルニュ
リヨネ
リムーザン
アングーモワ
ギエンヌ
ドーフィネ
ガスコーニュ
ラングドック
プロヴァンス
ベアルン
コンテ-ドゥ-ニース
コンタ-ヴネサン
ルシヨン
コンテ-ドゥ-フォワ
コルス
現在の県境
旧州境
国境

# 第 *1* 講

# 「フランス」のはじまり

クロヴィスの塗油(14 世紀の細密画)

| | |
|---|---|
| 前 600 | 植民市マッサリア(現マルセイユ)建設 |
| 前　58 | カエサルのガリア征服開始 |
| 前　31 | ガロ・ローマ時代に入る(～406) |
| 後 253 | ゲルマン民族，ガリアに侵入 |
| 395 | ローマ帝国東西に分裂 |
| 406 | ゲルマン民族，ガリアに全面的に侵入 |
| 418 | 西ゴート，アキテーヌに定着 |
| 476 | 西ローマ帝国滅亡 |
| 486 | メロヴィング朝はじまる |
| 496 頃 | クロヴィス改宗 |
| 507 | クロヴィス，西ゴートを敗る |
| 732 | トゥール・ポワティエ間の戦い |
| 751 | ピピン，カロリング朝開く |
| 800 | シャルルマーニュ，ローマで帝冠をうける |
| 840 頃 | ノルマン人の侵寇激化 |
| 843 | ヴェルダン条約(フランク帝国 3 分) |
| 888 | ロベール家ウード，西フランク王に選出 |
| 892 | マジャール人，ハンガリーに侵入開始 |
| 911 | ノルマン人，ノルマンディに定住 |
| 987 | パリ伯ユーグ・カペー即位．カペー朝はじまる |

私はこれから、フランスの歴史を一〇回に分けて話していこうと思うが、そもそも「フランス史」とはわれわれ日本人にとって、どのような意味があるのだろうか。

## 「フランス史」とは何か――予備的な考察

日本人がフランス史をふくめた「西洋史」にはじめて本格的に接したのは、幕末・明治の頃のことである。たちまち「万国史」などの名をもつ数多くの著書や訳書が刊行されるが、それは、単に異国趣味のためではなく（それもあったろうが）、開国で突然に未知の世界にさらされた当時の日本人が、世界における自国のおかれている位置や状況を認識する手段として、歴史に眼をむけたことを示している。しかし、日本人が自己認識の手段として頼った「万国史」とは、当時、国民国家として確立しつつあった欧米の国々が自己認識の手段として構築した自国史あるいは世界史だったのである。

これは、自己認識に他者の目を借りることであるが、当時の日本の学問の現状からすれば、無批判的な受容もやむを得なかった、ということだろうか。私には、必ずしもそうは思えない。それは批判的な熟慮の上に立った選択であり、その結果が「脱亜入欧」なのである。これは重要な問題ではあるが、ここでそれに立ち入る余裕はない。ただ、これから「フランス史」という「西洋史」の一部分の話をはじめるにあたって、それが適切な自己認識の手段となるためには、どのような点に自覚的に留意すべきかについて、あらかじめ二点のことを述べておきたい。

第一に、フランス史が日本の自己認識に役立つためには、フランス史と日本史とを関連づける何らかの比較史の方法が必要であるが、実はフランスも日本も長期的な歴史分析の自己完結的な単位ではない。一国史の集積が世界史だと考えるのは、一九世紀に生まれた「国民国家」という国家モデルの観念にすぎない。フランスは、「ヨーロッパ地域世界」という、より広い歴史空間に属しており、フランス史の展開は、そのなかでこそ理解できる。同様に、日本は「東アジア地域世界」に属している。

第二に、地域世界とはそれぞれが固有の拡がりや構造をもっていて、固定的ではない。それは歴史的な形成体であると同時に、それぞれが相互に規定しあう関係にあり、歴史的な発展に応じて地域世界の拡がりや構造が変容するとともに、その関係の総体である世界体制も転換する。これらの変化を認識するため、歴史学では「時代区分」をおこなうのだが、本書は現代を理解することを主眼とするため、次のような区分をもうける。ヨーロッパ地域世界が外部に進出して東アジアや他の地域世界と直接関係をもちはじめ、グローバル化の第一期がはじまる一六世紀を大きな区分とし(第4講)、ついで、その第二期に入る一八世紀後半(第6講)、そして、その第三期に入ったと思われる二〇世紀後半(第10講)の三つを設定する。それ以前は、近代の展開の土台となり、その展開を条件づける構造的要因が形成される地域世界の生成の時期である（第3講まで）。

本書は比較史を直接の目的とはしていない。ただ話を進める上での私の心構えのようなものであるが、また時には少しく比較や関連について言及することもある。

前置きはこのくらいにして、本論に入ることにしよう。

## 1　ガロ・ローマ時代

**ガリアとガロ・ローマ**

「フランス」は、いつからはじまるのか。現在「フランス」と呼ばれる地に、はじめから「フランス」があったわけではない。「フランス」はいくつかの要因が複合的に作用しあって歴史的に形成されたのであり、それにはいくつかの目安となる道標がある。

ユーラシア大陸の西端近くを占める地は気候が比較的温暖で土地も肥沃《ひよく》であり、古来、民族移動や文化交流の活発な舞台となった。先史時代の遺跡も多いが、記録が残る歴史時代に入ってからでも、古代ギリシア人、ケルト人、ローマ人、ゲルマン人がつぎつぎに到来している。

古代ギリシア人が西地中海に進出したのは紀元前六〇〇年頃で、植民都市マッサリア（いまのマルセイユ)を建設し、ここを拠点とする地中海文化圏をローヌ川沿いに北へ拡げた。

ケルト人とは、中部ヨーロッパに住むインド・ヨーロッパ語系の言語集団の一つだが、気候の悪化のためバルト海地方から南下してきたゲルマン人の圧迫を避けて、東西に移動した。フランスの地には、前五世紀から本格的に入ってきた。

この頃イタリア半島ではローマ人がしだいに勢力をのばし、地中海世界の強国になりつつあったが、彼らは北方のケルト人を蛮族とみなし、その地を「ガリア」と名づけた。ガリアは深い森におおわれており、ガリア人は多くの部族に分かれて住んで、統一国家をつくらなかった。各部族では、戦士を兼ねる貴族が集会で行政官を選び、農民を支配していた。アルプス以南や地中海岸などのガリアの一部は、早くからローマ人に征服されて「属州」となっていた。

ところが、ローマの実力者カエサルがガリア知事になると、前五八年からガリアの武力征服にのりだし、激しい抵抗を排して全土を属州にした。ローマにとって、ガリアは軍事面でも経済面でも重要な存在であり、ローマはその統治に力を注いだ。この間にケルト文明とローマ文明とが融合し、部族の統一もすすんだ。この時代のガリアは「ガロ・ローマ時代」と呼ばれる。

ローマ文明とは基本的に都市文明であり、その影響で軍事・行政・宗教の拠点としての都市の建設がガリアでもすすんだ。ローマ型の都市はガリア全域にみられるが、とくにニーム、アルルなど南東部のプロヴァンス地方に、円形劇場、水道などその跡が多い。「プロヴァンス」

という地名の語源は、「プロウィンキア」(属州)である。

都市の建設と並行してローマの制度も導入され、それまで農村に住んでいたガリア人の貴族もしだいに都市に移り住み、軍務や行政に協力した者はローマ市民権を与えられた。しかし、農村はガリア時代とほとんど変わらず、自由農のほか奴隷や小作農が穀物やワインなどを生産し、厖大《ぼうだい》なローマの駐屯軍の食糧を支えた。

## ゲルマン人の大移動とローマ帝国の滅亡

広大な領域をかかえるローマ帝国にとって最大の悩みは、外敵の侵入である。そこで三九五年、防衛を効果的にするため、コンスタンティノープル(いまのイスタンブール)を首都とする東ローマとローマを首都とする西ローマとに帝国が二分された。このとき、すでに西ローマ帝国はゲルマン人の侵入にたいして防衛能力を失っていた。

ゲルマン人とは、ケルト人と同じくインド・ヨーロッパ語族に属し、北のスカンディナヴィア半島からバルト海周辺に住んでいた。前に述べたように、中部ヨーロッパに南下してきてケルト人を移動させたが、三世紀からは自分たちもローマ帝国領内に侵入をはじめていた。ところが四世紀後半になると、それまで中央アジアの草原にいた遊牧民のフン族がウクライナに侵入してきたため、それに押されたゲルマン人の東ゴート族が西へ移動し、これがきっかけとなって、ゲルマンの諸部族がつぎつぎと東から西に大規模な民族移動をはじめた。

ゲルマン人の移動は、掠奪や殺戮をともなうこともあるが、ローマ人の管理下に農耕や軍役を奉仕する条件で帝国内に入植を許される、という平和的なケースも少なくなかった。だが五世紀になると、部族の長を王にいただくゲルマン人国家が、その組織のまま移住してきて、帝国内の指定区域に土地をもらって、帝国防衛の同盟軍として駐屯する場合が多かった。このような駐屯軍があちこちに割拠すると、当然、西ローマ帝国はしだいに名目的な宗主権だけの存在になってゆき、四七六年、ついに皇帝がゲルマン人の一部族の傭兵隊長オドアケルによって放逐された。これが西ローマ帝国滅亡の年とされている。

## 2　フランク王国

### ゲルマン部族国家とフランクの興隆

ガリアでは、ローマ皇帝の支配はそれ以前から事実上終わっていたから、西ローマ帝国の滅亡は、ガリア社会にそれほど大きな変動を一挙におこしたわけではない。しかし、ゲルマン部族国家は支配圏拡張の野心をそそられ、以後、多かれ少なかれローマ文化を継承するローマ・ゲルマン国家が競い合う時代が数世紀にわたって続いた。

五世紀後半のガリアの政治地図をみると、ロワール川以南からイベリア半島にかけてトゥールーズを首都とする強大な西ゴート王国、東部・南東部にはブルグント王国がある。どちらもローマ化が早くからすすんでいた地域に生まれたゲルマン人の駐屯軍国家が前身である。これにたいして、ローマ化の弱い北東部には、ライン川流域から移動してきたフランク族のフランク王国があったが、クロヴィス王(在位四八一—五一一)のときにガリア北部に進出し、さらに西ゴートとも戦ってピレネー山脈までを支配下におさめた。その子供たちの時代には念願のブルグント王国をも支配し、六世紀前半には、フランク王国は、ケルト系のブルトン人が孤立した世界をつくるアルモリカ半島(今日のブルターニュ)とローマ色の強い地中海沿岸をのぞくガリアのほぼ全域の征服に成功した。一方、西ゴート王国はイベリア半島に移り、トレドを首都として六世紀末から七世紀にかけて繁栄した(図1—1参照)。

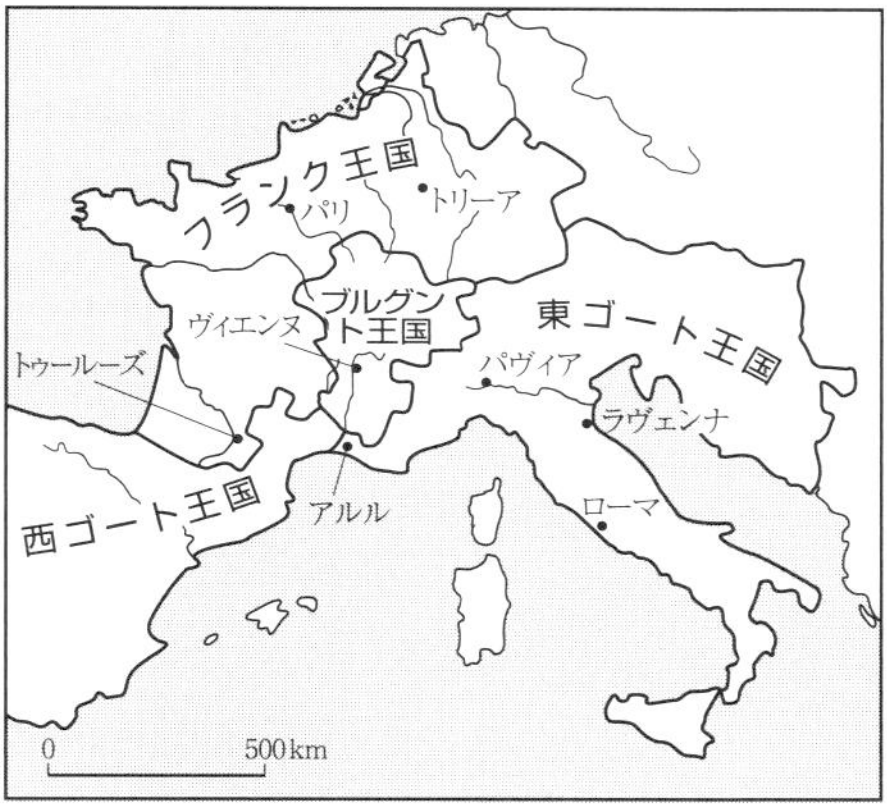


図 1-1　フランク王国とその隣接国家(クロヴィス没(511)時).〔Carpentier, J., Lebrun, F. (sous la dir. de), Histoire de France, Paris, Seuil, 1987 をもとに作成〕

なお、西ローマ帝国の元の本拠地イタリ

アでは、東ゴート族の王テオドリックがオドアケルを倒し、ラヴェンナを首都として西ローマの再興を夢みた。しかし、東ローマ皇帝ユスティニアヌス一世(在位五二七―五六五)は東ゴートをふくむ地中海一帯のゲルマン国家を掃討し、六世紀半ばにローマ帝国の統一支配を一時的に復活させた。だが、その死後、イタリアは北から侵入したゲルマン人のランゴバルド族の支配下におかれ、ふたたび政治的な混乱期に入った。

## クロヴィスの改宗

「フランス」という名称は、フランク王国に由来するのだが、旧ローマ帝国内に生まれた数多いゲルマン部族国家のなかで、なぜ、とくにフランク族がガリアの統一に成功したのだろうか。

もともと駐屯軍権力であるゲルマン人は、その軍事力にものをいわせて領域支配権力へ変わろうとする傾向をもっている。しかし、ゲルマン人の移住者はガロ・ローマ人の住民にたいして五パーセント程度の数にすぎなかったといわれ、そのため、ゲルマン人の王が部族の従士たちをこえて住民全体に支配を拡げるには、統治の知識と経験をもつ既存のガロ・ローマ貴族の協力を得て、その組織を利用することが不可欠だった。とくに、貴族は主要都市の司教職を占め、この教会機構が行政機構以上に地方生活に大きな影響力をもっているため、ゲルマン人の王たちにとっては、キリスト教との関係が重要な意味をもった。

キリスト教は、四世紀はじめにローマ帝国内で公認されたが、東のコンスタンティノープル教会と西のローマ教会との間で首位権をめぐる対立がおこっていた。西ローマ帝国の滅亡後のローマ教会は、どうしても東ローマ皇帝を首長とするコンスタンティノープル教会の下位に立つことになる。このため、ローマ教会は有力な政治権力者との結びつきを模索し、クロヴィスに白羽の矢を立てた。

その背後には、教会内部のアタナシウス派とアリウス派との教義論争がある。四世紀末にテオドシウス帝(在位三七九―三九五)が、アタナシウス派の三位一体説の教義を国教にして決着をつけていたが、ローマ化の早かったブルグント王や西ゴート王はキリスト教に改宗するのも早かったので、異端のアリウス派だった。これにたいして、ローマ化がおくれて異教徒のままのクロヴィスはまだ白紙状態だったわけである。

おそらく四九六年、クロヴィスはランスの司教レミ(レミギウス)の強いすすめで洗礼を受けて、従士とともにアタナシウス派キリスト教に改宗し、ゲルマンの部族王のなかで唯一のカトリックの王となった。教会の権威と貴族の後押しを得たクロヴィスは、異端からの解放という正統性をもって征服を容易にすすめることができたのである。

## メロヴィング王朝からカロリング王朝へ

フランクの王家はクロヴィスの祖父メロヴィクスの名をとって「メロヴィング王朝」と呼ばれるが、王国を家産視して分割相続する慣習のため、王国が統一を保ったのはごく短期間にすぎない。そのうえ国内に内乱が絶えず、結局、メロヴィング王朝にかわってカロリング王朝が登場した。

カロリング家とは北東部の有力な豪族であり、八世紀はじめには、王国内各地の宮廷の最高実力者である宮宰職を独占するまでになっていた。このとき、アラビア半島から北アフリカを席巻《せっけん》したイスラム教徒がジブラルタル海峡をこえてイベリア半島に侵入し、西ゴート王国を滅ぼしたのち、さらにアキテーヌに侵入してきた。これにたいし、宮宰シャルル・マルテル(六八八?—七四一)がフランク貴族を糾合してトゥール・ポワティエ間の戦い(七三二)でイスラム教徒を敗走させ、一挙に威信を高めた。さらにマルテルの子のピピンは、イタリアに遠征してローマ教皇をランゴバルド王国の圧力から救ったのち、七五一年、すっかり実力を失っていたメロヴィング朝を廃してカロリング朝を開き、ピピン三世(在位七五一—七六八)となった。

ピピンは即位を正当化するために、はじめて塗油の儀礼を採用したが、カロリング王家と教会との関係は、ピピンの子のシャルルマーニュ(カール大帝、在位七六八—八一四)のときにさらに強まった。彼は、毎年のように各地に遠征を企ててフランク王国の支配領域を拡げ、東はエルベ川に達するゲルマニア、南はイタリアの北半分にまでおよぶ広大な地域を支配下におさめる。そして、八〇〇年末のクリスマスの日、ローマにおいて教皇レオ三世の手から「ローマ皇帝」の帝冠をうけたのである。

この戴冠に積極的だったのは、東ローマ帝国（ビザンツ帝国）に対抗するため有力な政治的後盾《うしろだて》を求めていたローマ教皇だった。シャルルマーニュも古代帝国の権威を身に帯びることを望んだが、彼は「皇帝」の称号とともに「フランク人とロンバルド人の王」の称号も使い続け、国土を家産視するフランク王国の伝統的観念を捨てなかった。

## ヨーロッパ地域世界の成立

だから、この戴冠は古代ローマ帝国の復興ではない。その歴史的意義は、地中海を内海とする古代ローマ世界帝国の解体後に、コンスタンティノープルを中心とするビザンツ帝国、中東から北アフリカ・イベリア半島までを制圧するイスラム勢力圏の二大「地域世界」とならんで、ヨーロッパの西の地域に「ヨーロッパ地域世界」が成立したことを象徴的に示していることにある。

この地域世界の独自の構造が形をとるのは、第２講で述べるように一〇世紀以降のことだが、ここでその特徴を一点だけあげれば、ビザンツ帝国が皇帝教皇主義として、またイスラム世界が神政政治として政権と教権が一体化しているのにたいして、ここでは西ローマ帝国の普遍主義的な「帝国」理念がローマ教会に継承されながらも、教会の宗教権威と王の世俗権力とがそれぞれ自立して共生関係にあることである。

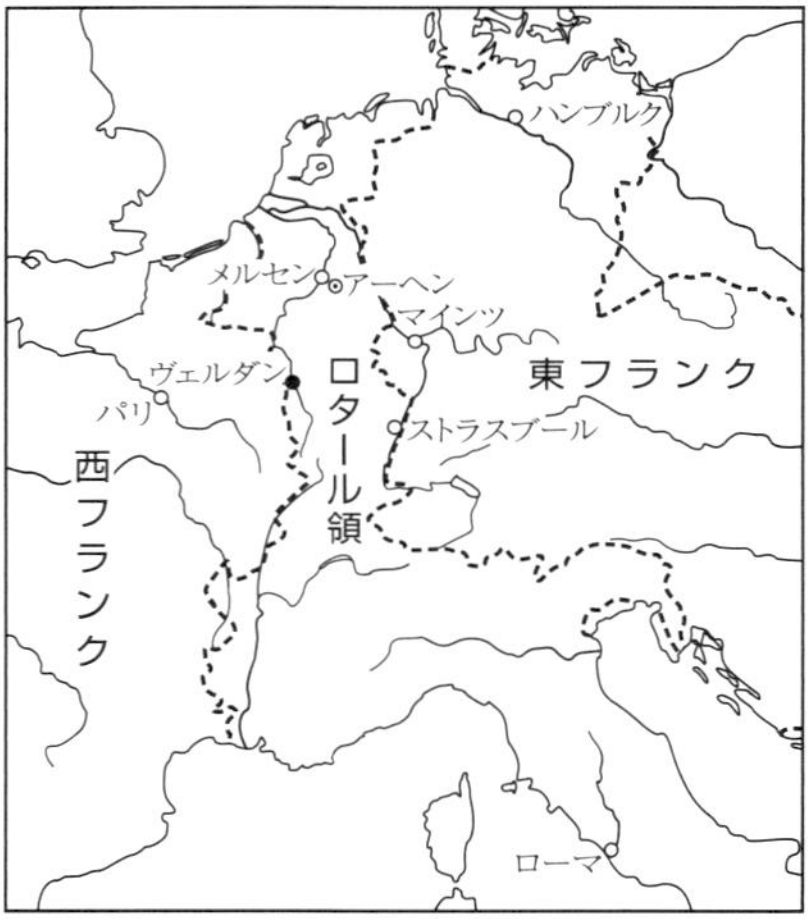


図1-2　ヴェルダン条約(843)によるフランク帝国の分割.

### カロリング帝国の分割

カロリング帝国は広大な領域を支配したが、メロヴィング王国と同様、それを統治する機構がきわめて弱い。アーヘンに宮廷がおかれたが、全国の司教座組織が軍事・行政に活用され、また少なくとも三〇〇人にのぼる地方有力者が「伯」(コント)と呼ばれる地方行政官に任命されたが、彼らは役職の代償で得た土地を世襲化して独立する傾向にあった。

このため、シャルルマーニュの死後、孫たちの代に、それぞれが地方の有力者たちを基盤にして分割相続をめぐる内乱をおこし、八四三年のヴェルダン条約で帝国は三分された。長男ロタールが現在の独仏にまたがる帯状の中央部とイタリア(ロタールの国)を、次男のルートヴィヒは東部(東フランク王国)を、末子のシャルルは西部(西フランク王国)を得た(図1—2参照)。ロタールが「皇帝」の称号をもったが、有力貴族や司教の支持を得たものが帝位につくことになったので、皇帝の権威は急速に低下した。

西フランクからは、シャルル二世（禿頭王、在位八四三―八七七、皇帝八七五―八七七）以後、「皇帝」に選ばれた者はいない。

ヴェルダン条約のあとも、王が死ぬたびに再配分をめぐって内乱がおこり、東西フランク王国にはさまれた「ロタールの国」の北部は、ほぼ東フランクの領有となった。これ以後、統一的なフランク帝国が復活することはない。こうして生まれた配分が、地理的には現在のフランス・ドイツ・イタリア三国の少なくとも原型をつくった、ということができる。

## 3　フランスの誕生

### 誕生の要因

しかし、フランスの誕生を一つの事件や日付に求めることは、便宜的な意味しかない。ヴェルダン条約が重要なのは、帝国がふたたび一つになることがなかったからである。また、すぐあとで述べるカペー朝の成立にしても、それ自体は王朝レベルのことである。そこで、この第１講のテーマであるフランスの起源の問題は、それぞれが長いプロセスをもつ三つの大きな要因の複合的な作用だと考えた方がよい。

それは第一に、フランク帝国の一体性を完全にゆるがす深刻な政治的・社会的危機。第二に、秩序再建の核として機能しうるカペー朝の成立。第三に、西フランクに特徴的な王権イデオロギー。これらを順次みてゆこう。

民族大移動の最後の波

前述のように、フランク帝国は、相続のたびに再分割をめぐって王たちが争って国土が荒廃した。その混乱をいっそう激しくしたのが、古代から続く民族大移動の最後の大波である。

波は、同時に三方からおしよせてきた。一つは、九世紀から一〇世紀末まで、イタリアやプロヴァンスの地中海沿岸地帯へのイスラム教徒の侵寇だった。もう一つは、九世紀末から一〇世紀後半にかけての、東のアジア系のマジャール人による中部ヨーロッパへの侵入で、その先端はブルゴーニュやアキテーヌまで達した。

しかし、西フランクにとって最も直接的な大被害をもたらしたのは、スカンディナヴィアに住むゲルマン人のヴァイキング(西フランクでは「ノルマン人」(北の人)と呼んだ)である。彼らは九世紀から海をつたって南下し、セーヌ川やロワール川をさかのぼって内陸深くまで荒らしまわった。このため西フランク王は九一一年、ノルマン人の一部に、キリスト教への改宗と後続侵入者にたいして防衛力となることを条件にして、セーヌ河口への定住を認めざるをえなかった。これが、やがてイギリスを征服するノルマンディ公領のはじまりである。

フランク帝国内の住民たちは侵入者を「蛮族」と呼んでおびえたが、もはや国家の軍事組織を当てにすることができないため、それぞれの地方で組織されている軍事権力に保護を求めるしかなかった。

その軍事権力とは、伯として任命されていた地方有力者であり、彼らは相次ぐ分割継承をめぐる武力抗争の過程でみずから武装従士団をつくって自立し、領邦権力にまで成長していた。

### 領邦君主領とカペー朝の誕生

「領邦権力」とは、西フランクではブルゴーニュ公、アキテーヌ公、ノルマンディ公、プロヴァンス侯、フランドル伯など一一世紀には約一五をかぞえた。「領邦君主領」(プランシポーテ)と呼ばれるその支配領域は、大小さまざまであり、公(デューク)・侯(マルキ)・伯(コント)といった称号の違いは、実際の勢力の大きさや格式とは関係ない。

領邦権力の成長につれて、王はしだいに影の薄い存在になり、西フランクでは九世紀末になると、とうとう領邦君主や司教が王位の世襲制を廃止し、これを選挙にかえた。それでも、しばらくはカロリング家の血統を引く者が王に選ばれたが、八八八年、セーヌ・ロワール両河の間に基盤をもちヴァイキングの駆逐にも功績があったネウストリア公ロベール家のウード(在位八八八—八九八)が王に選ばれた。その後、カロリング家がまた選ばれもしたが、九八七年、王位についたロベール家のユーグ・カペー(在位九八七—九九六)が王権を安定させるため、生存中に長子を後継者に指名して選出し、カペー王朝がはじまった。

次講で述べるように、カペー家は歴代の王たちの努力の結果、やがて王領地が王国の大半を占めるまでになるが、当初の勢力は第二級の領邦君主並みでしかない。しかし、西フランクの在地の領邦君主たちが、自分たちの力でカロリング家と血縁のない者を王に選出するまでに成長し、将来の王国の核となりうるカペー家を生んだことは、フランス誕生の第二の要因である。

なお、これと同じ頃、東フランクでもカロリング家の血統が絶え、マジャール人の撃退に功績のあった領邦権力の一つのザクセン公オットー一世(在位九三六―九七三)が王に選ばれた。彼は、ドイツとイタリア北・中部を統一して、九六二年にローマ教皇からローマ皇帝の冠をうけた。シャルルマーニュの後継者になったわけだが、「神聖ローマ帝国」と呼ばれるこの帝国は実質的には現在のドイツの領域を出ない国家であり、これによって、フランスとドイツの分離はほぼ決定的となった。

### フランク神話

第三要因は、フランスの起源をめぐる歴史意識である。

トゥール司教のグレゴワール(グレゴリウス、五三八頃―五九四頃)が六世紀後半に書いた『フランク人の歴史』は、フランク人の歴史意識の原型とされている。そこでは、洗礼を受けたクロヴィスを、改宗したローマ皇帝コンスタンティヌスになぞらえて「新しいコンスタンティヌス」と呼び、フランク人を「選ばれた民」としている。こうしてフランク王国はガロ・ローマ征服に起源をもつ蛮族国家ではなく、ガリア駐屯軍長によるローマの継承国家として位置づけられる。グレゴワールはアキテーヌのガロ・ローマ貴族の出だが、彼をはじめとする当時のフランクの知識人はラテン文化のなかで生き、みずからを「ローマ人」とみなし、フランク王権もローマ文明との継承関係によって正統化されたことになる。七世紀のフレデゲール作とされる『年代記』も、この歴史意識を補強している、とされる。古代ギリシアのトロイ滅亡後、その王族がマケドニアを通ってライン流域にたどりつき、それがフランク王になった、というのである。これは、ローマの創設者ロムルス、レムス兄弟をトロイのアイネイアスの子孫とした伝説にならったものであり、これによってフランク人はローマ人と同族となる。

こうしてガロ・ローマの貴族は、フランク国家がローマ文明の継承者だという「フランク神話」を構築することにより、フランク国家の王権イデオロギーを提供した。しかし、カロリング帝国が分裂して、帝権がほとんど東フランク王に固定するようになると、事情が変わる。東フランク王はシャルルマーニュの後継者をもって自任し、それを介してローマ帝国との継承関係を主張することができたが、それから遠ざかった西フランク王にとっては、正統性のあらたな原理が必要となる。

### ランスの聖別

そこで浮上したのが、前に述べたピピンによる七五一年の塗油礼の記憶である。メロヴィング朝の王を廃してソワソンで貴族たちから王に推戴されたピピンは、本来は王位の簒奪者である。しかし、出席していた司教から塗油をうけ、三年後にはパリの北のサン-ドニ修道院で教皇ステファヌス二世を迎えて改めて塗油をうけた。彼はフランクの王としてははじめて、旧約聖書の塗油の故事にちなむ儀礼によって世襲にかわる正統性を得たのである。その後、ピピンの孫でカロリング朝三代目のルイ敬虔帝(在位八一四―八四〇)がランスで即位式をおこなったとき、はじめて塗油と戴冠を結びつけた。

ところが、ヴェルダン条約後の八七八年頃、西フランクの宮廷に仕えたランス大司教ヒンクマール(八〇六頃―八八二)の『聖レミの生涯』は、この記憶をふまえながら時代をさらにさかのぼらせ、クロヴィスの洗礼の故事に次のような新しい伝説をつけ加えた。参列者が多いため洗礼盤に近づけない司教レミが天を仰いだとき、一羽の白い鳩が聖油の小瓶を口にくわえて天から舞い降りた。レミはその一部を洗礼盤に入れてクロヴィスに洗礼し、そのあと聖油で彼に十字のしるしをつけた。ヒンクマールによれば、鳩は聖霊の化身である。こうして三世紀前にトゥール司教グレゴワールによって「新しいコンスタンティヌス」とされたクロヴィスは、ヒンクマールによって「新しいキリスト」となった。こうして、クロヴィスの「洗礼」は「聖別」(サクル)となる。「聖別」とは単に王が人民の代表として即位するのではなく、塗油によって超自然的な力が王の身体に宿るとする儀礼である。したがって戴冠は神によってなされる。

この「聖別」観念は二つの重要な意味をふくんでいた。まず、聖油の小瓶は西フランクのランスに保存されているので、西欧キリスト教世界の精神的中心はローマから西フランクに移る。また、ランスを領内にもつ西フランクの王だけが真の「聖別」をうけることができる。こうして西フランク王は国内の領邦権力をこえる権威をもつだけでなく、東フランク王、さらには神聖ローマ皇帝、ときにはローマ教皇にたいしてすら、ひとりクロヴィスの系譜につながる「キリスト教の王」の正統性を主張できるのである。

カペー家がカロリング朝にかわって新王朝を開いたとき、その正統性はもはや血統でも教会でもなく、「聖別」の儀礼そのものによって保証された。「聖別」はカペー朝のルイ九世（聖王、在位一二二六―七〇）のとき典礼として確立する。

こうして西フランクの王権イデオロギーは、クロヴィスの改宗（これはシャルルマーニュの戴冠より古い）にまでさかのぼって構築され直した。これはドイツの中世史家カール・ヴェルナーが強調するように、その後のフランス史の展開にとって重要な意味をもっている。それは神意に立脚する王権というきわめて宗教色の強い王権イデオロギーとなり、さらには特別の使命をもつフランス国家という観念にもなる。ヴェルナーの言をかりれば、国家の「起源」は重要な文化の問題なのである。

## フランク人か ガリア人か

ここで問題の拡がりを示す一例として、もう少し続けたい。

時代はとぶが、フランス革命前夜に貴族の特権を攻撃した政治パンフレットとしてシエイエスの『第三身分とは何か』は有名だが、そのなかに、次のような文句がある。「自分たちは征服者たる人種の末裔であり、そのため征服権を継承したのだ、というばかげた主張をまだもっているあらゆる家族を、フランケンの森へ追い返そう」。この背景には、一六世紀いらい貴族の間にフランス国家のフランク起源説、すなわちフランスの起源はフランク人のガリア征服にあり、貴族はそのフランク人の末裔だという理論が有力になっていた事情がある。この理論は平民(第三身分)にたいして貴族特権の正統性を主張するばかりでなく、「ゲルマンの森の自由」という伝説的観念を拠り所にして、ブルボン絶対王権への抵抗を基礎づける貴族階級の政治理論であった。これにたいしてシエイエスが、先住民のガリア人こそがフランス人の起源だとの説を対置して、貴族特権を批判したのである。この問題は「自由」をめぐる近代フランス政治理論の重要な論点であるが、「起源」に限っていえば、一九世紀に入るとガリア人起源説がますます有力となり、第三共和政初期の歴史教科書では「わが祖先ガリア人」という観念が支配的となった。この場合には、普仏戦争での屈辱的敗北が残したドイツへの反感も強く作用している。

このフランク人かガリア人かのフランスの起源をめぐる論争は、一八世紀の社会的対立あるいは一九世紀のナショナリズムに立脚するイデオロギーであって、現実のプロセスは、前に述べたように、フランク、ガリア、それにローマを加えた三要因が、数世紀の間に融合してフランスを形成したのである。しかし、起源に関する言説は、国家のアイデンティティにかかわる死活の問題として、歴史のなかできわめて重要な働きをするのである。

# 第2講
# 中世社会とカペー王国

王の塗油礼（13世紀の細密画）

| | |
|---|---|
| 1027 | 「神の休戦」運動 |
| 1066 | ノルマンディ公，イングランド征服 |
| 1070 | ルマンのコミューン運動 |
| 1089 | クリュニー修道院建設はじまる |
| 1096 | 第1回十字軍(～1100) |
| 1152 | アリエノール，ルイ7世と離婚，アンリと再婚 |
| 1163 | パリのノートルダム大聖堂建設開始 |
| 1214 | ブーヴィーヌの戦い |
| 1270 | ルイ9世，チュニスで死亡(第7回十字軍) |
| 1302 | 第1回身分会議 |
| 1303 | アナーニ事件 |
| 1309 | アヴィニョンに教皇庁移る(～77) |
| 1328 | ヴァロワ朝はじまる |

前講では、古代ローマ帝国の解体のなかからヨーロッパ地域世界やフランスが形成される道筋を述べたが、本講ではその社会内部の制度や構造をみることにしたい。

## ヨーロッパ地域世界の秩序観念

ヨーロッパ史では、六世紀から一五世紀までを「中世」とし、それを前期(六―一〇世紀)、中期(一一―一三世紀)、後期(一四・一五世紀)の三期に区分する。第1講の後半が「前期」にあたるが、これは古代から中世への移行期であり、ヨーロッパというこの地域世界の特徴的な構造が形作られるのは、社会が大混乱から再建に入る「中期」である。

この中期から本格的にはじまる中世社会の構造は、きわめて重要だと思う。というのは、一六世紀に近代世界体制がはじまることを視野に入れたとき、この世界の一体化の起動力がどこから出たか、また世界体制内で地域世界がどのような相互関係に入るかという問題が、それに先行する時代のそれぞれの地域世界の構造にかかわっているからである。

では、前近代におけるヨーロッパ地域世界の独自性は何かといえば、その手がかりとして、中世人の社会秩序観念をみることにしたい。中世中期の社会の再建とは、食糧生産など単に経済生活の復興だけでなく、人びとが安心して暮らせる新しい社会秩序の観念をもふくむからである。

フランスで九世紀後半に生まれたとされる秩序観念は、人間を三つの職分に区分している。この区分はインド・ヨーロッパ語族の神話に起源があるといわれるが、キリスト教と結びつき、一〇二七年頃にランの司教アダルベロン(九四七?—一〇三〇)などによって定式化された。それによると、「神の家」は祈り、労働、戦いの三機能からなっており、それが地上では聖職者、農民、騎士によってそれぞれ担われる。アダルベロンは、王がこの三機能を統合し、普遍的な秩序を保証する存在としているが、王、聖職者、騎士は「働く者」(農民)に保護を与え、そのかわりに労働の奉仕をうける相互奉仕の関係とされている。

この社会図式は農村社会を基本として、新興の都市社会を視野に入れていない。また、はじめは必ずしも不平等関係ではない三機能が、やがて階層関係となり、「働く者」が劣等な三番目に位置づけられるなどの時代的変化がある。しかし、この図式は修道院の聖職者、城塞の戦士が専門化しはじめた中世中期の社会・政治関係をある程度表現している。そして、社会秩序の形成力を単一の権力(とくに領主権力)ではなく、生活規範を管理する教会、治安を担当する領主、経済活動の中心となる民衆という三つの自律的な要因によって構成されているとする点において、また教会を第一に、領主を第二に、それ以外の民衆をまとめて第三として序列化する点において、中世ヨーロッパ地域世界に特徴的な観念であった。さらに付言すれば、秩序観念は社会から排除されるべき存在を必ずともなうが、それにはユダヤ人と異端があてられた。

## 1　領主権力と騎士

**領主制と封建制**

社会秩序の形成力としての「領主」権力は、名称は同じでもフランスや日本など社会によって性質が異なるし、同じ社会でも時代によって異なる。フランスでは、大雑把にいうと一〇世紀が「大領主の時代」、一一世紀が「城主の時代」、一二世紀がふたたび「大領主の時代」といわれる。一〇世紀末にカペー家がフランス王として発足したとき、その実際の勢力範囲は中央北部のイル－ドゥ－フランスとオルレアン地方からなる狭い範囲の直轄領(王領地)に限られた。他の領邦君主たちはカペー家を王として認め、その限りでは臣下なのだが、事実上独立の政治勢力だった。一一世紀には権力の細分化がさらに進行して、領主の下にまた領主という重層的な網の目ができあがるが、一二世紀になると、開墾の進捗や都市の発生にともなって人や物の交流が盛んになり、ふたたび広い範囲を支配する新しいタイプの領邦君主領が登場してくる。

そもそも領主制が成立するのは、異民族の侵寇や戦乱のため公的秩序が乱れ、人びとが身近の直接的な人間関係しか頼るべきものがなくなったためである。ところが、その人間関係の歴史的な先行物としては、ガロ・ローマ社会の大土地所有制とゲルマン部族国家の従士制という二つの制度があった。

ガロ・ローマ時代の貴族は大土地を所有しており、屋敷内に住まわせる家内奴隷とならんで、隷属的な身分の小作農民に土地を耕作させていた。奴隷や隷属農民の身分は、国家の法によって縛られていたが、ゲルマン人の侵入によって国家の法秩序が乱れると、この大土地所有制は、有力地主と奴隷や耕作農民との直接の〈保護＝奉仕〉の関係に移行した。

他方、ゲルマン人の国家では、有力者に忠誠を誓って従士になるかわりに保護を受ける「従士制」と、従士が騎馬戦士として奉仕をするかわりに土地を「恩貸地《おんたいち》」として与えられる「恩貸地制」という制度があった。土地を媒介にして奉仕を求める点ではローマの大土地所有と似ているが、〈地主＝農民〉の関係が世襲的に固定した身分であるのにたいして、従士制は自由人の契約関係であり、主人が死ねば解消する。

ところが、ノルマン人やイスラム教徒の侵入と内乱のため部族国家の公的秩序が乱れると、「恩貸地」はしだいに世襲的な「封《ほう》」となり、これをもつ職業的戦士は土地の世襲的な主人となった。国家の保護を当てにすることができない農民が保護を求めるのは、身近にいるこのような有力者であり、この場合には、戦士は単に耕作関係で結ばれる地主ではなく、その地域の住民全体を支配・保護するため「命令権」をもつ「領主」となった。そうなると、それまで自由人だった周辺の農民もしだいに領主の保護下に入り、領主制が一般化する。いまや「荘園」となった領主の土地は領主「直領地」と農民「保有地」とに分けられ、直領地が、わずかの保有地で生計を立てる「農奴」身分の農民の賦役によって耕作された。他方、「領主」となった有力者自身も、自己保存のためもっと有力な領主の保護下に入ってその従士になる。

こうして領主と領主との間、領主と農民との間に直接的な〈支配＝従属〉関係の複雑なネットワークがつくられていった。前者の領主間の関係をさすのが狭義の「封建制」、後者をもふくめた階層的な政治社会構造をさすのが広義の「封建制」(「封建社会」ともいう)の概念である。

封建社会の最盛期は一〇世紀から一三世紀までであり、近世に入ると封建制は存在しないが、領主制は存続する。フランス革命期に廃止された「封建制」とは領主制のことである。

## 城主と従士

封建社会の領主の典型は、武装した家、つまり城塞をもつ領主である。城塞といっても、一〇世紀の初期のものは、防護柵のなかに木造二階建ての四角の塔をもつ程度の簡素な作りであり、危険が迫ると、周辺の農民たちはここへ逃げ込んだ。したがって、城主の勢力範囲はせいぜい一日の騎行距離をこえない。しかし、その範囲はしだいに拡大し、一二世紀になると、深い堀をめぐらした石造の堅牢な城が建造されはじめた。こんにち「中世の城」として残るのは、この時期以後のものである。

城主もまた上級の領主、とくに領邦君主と従士制の関係で結ばれているが、自分の城塞勢力圏では一国一城の主人ではあった。彼らは、城内に法廷や牢をおき、域内の秩序の管理者として近隣の農民を保護・支配する「命令権」者となる。さらには、勢力圏内の市場を管理し、そこを通過する旅行者から通行税をとって、一種の公権力の性格を帯びはじめた。

城主のまわりには、従士団が形成される。従士とは、馬や武具を自弁して日頃から戦闘訓練にはげむ騎士であり、城をもたない地主領主や城内に住み込んで奉仕する自由身分の農民の若者など、いろいろな出自がある。

従士になるときには、「臣従礼」(オマージュ)という儀礼がある。従士になろうとするものが武器をもたずにひざまずいて、両手をあわせて相手の両手のなかに置く。これは服従を意味する。だがすぐに、この行為で主人となった相手におこされ、抱擁をうける。これによって二人は対等となり、臣従が従属ではなく友情に基づくことになる。この儀礼はゲルマン国家に固有のものであり、従士制の性格を示す重要な象徴行為だった。ついで、おそらくキリスト教の影響によるものだろうが、従士になった者は「誠実誓約」をおこなう。日本の君臣関係と違って、一人の戦士が多くの主人と従士関係を結ぶことがありえたのも、この双務契約的な権利・義務関係だからである。

このような騎士の儀礼が生まれたことは、それが特権的・閉鎖的な世襲身分となったことと関連している。戦闘形態の変化のため歩兵から費用のかかる重装備の騎馬戦士に重心が移ったのである。同時に、弱者の保護と教会への奉仕という使命、あるいは勇気、誠実、忠誠といった価値が騎士共通のアイデンティティとして確立し、しかもそれが継承されるべき名誉ある血統とされた。こうして一二世紀末、その後のフランス史で重要な役割を果たす「貴族」（ノブレス）身分が生まれた。

ただ、以上述べた社会の封建化には大きな地域差がある。とくにローマ化が古くからすすみ、社会混乱が比較的少なかったフランス南部（ギエンヌ、ラングドック、プロヴァンス、ドーフィネ南部など）では、城主への権力の分散化は北部より弱く、領主制に編入されない「自由地」が多かった。この南部の抵抗を排除して併合し、北部の制度、文化に順応させるのが、中世末期から近世にかけての王権の一つの大きな課題となった。

## 2　キリスト教と教会

### 修道院改革

前述の社会秩序観念が「神の家」の機能からはじまるように、中世ヨーロッパではキリスト教はきわめて重要な位置を占めているが、時期によって同じではない。クロヴィスの改宗以後、キリスト教はフランク王国内で普及したが、王や領主の保護に頼らざるをえないため、教会はそれに従属した。王や領主は一族や側近の俗人を司教や修道院長に任命し、従士制のシステムに組み込んだのである。このため一〇世紀には、教会は妻帯、戦闘、強奪など世俗権力と変わるところがなく、宗教機関としての権威はまったく地に墜ちていた。

その権威が確立するのは民族移動による混乱が終息した中世中期、教会内部の三つの改革運動によるものである。そのうち二つはフランスで生まれた。

その第一は、修道院改革運動であり、一〇世紀からブルゴーニュのクリュニーではじまり、たちまち西欧全体に拡がった。一一世紀にはフランスだけで約八〇〇の「クリュニー修道会」の修道院をかぞえた。クリュニー修道会はローマ教会と直結して地元の封建権力から独立することに成功した。しかし、その修道士の生活が贅沢になってくると、これに反発する新しい運動が各地でおこり、なかでも一〇九八年に、これまたブルゴーニュではじまったシトー修道会が最も成功した。シトー会は、人里はなれた地で、苦行と瞑想の共同生活をいとなんで信仰の純化を求めたが、やがて、羊毛・家畜などの生産物を売って修道院が莫大な富をもつようになり、その名声は急速に落ちた。

一三世紀に入ると、これにたいしてイタリアにフランチェスコ会、南西フランスにドミニコ会など清貧を説く托鉢修道会があらわれた。労働と托鉢・巡歴説教を重視して、当時民衆の間に広まってきた異端と戦う教皇直属の精鋭集団となった。

### 「神の平和」

第二は、在俗聖職者によってすすめられた「神の平和」運動であり、一〇世紀末に王権の弱い南フランスではじまり、北へも拡がった。領主たちの戦闘・暴力行為を制限するため司教が中心となって教会会議を開き、特定の場所、特定の社会層（聖職者、農民、商人、巡礼者など）を戦闘から保護するよう領主に宣誓を求めたもので、拒否した領主には破門などの制裁をおこなった。一一世紀はじめには、特定期間の戦闘行為の停止を求める「神の休戦」運動に発展したが、この運動の独自性は、全住民による誓約団体がつくられたことにあった。

修道院改革運動が領主からの宗教機関の独立を目的としたのにたいして、この運動は、教会が魂の問題だけでなく、王権や城主権力にかわって公共秩序の維持にかかわりはじめた点で、きわめて大きな意味をもっている。しかし、教会自身が武力をもたないため、運動は永続きしなかった。

### グレゴリウス改革

第三は、修道院改革ではじまったキリスト教の覚醒をふまえ、司教職の叙任権を俗人領主から教皇の手に取り戻そうとする一一世紀後半からの運動である。最も熱心な推進者の教皇グレゴリウス七世（在位一〇七三―八五）の名を冠して「グレゴリウス改革」と呼ばれている。ドイツでは皇帝との間で激しい対立があったことが有名だが、フランスでも教皇と王との間に紛争がおこり、一二世紀はじめに、司教の選出は聖堂参事会員によって、修道院長の選出は修道士によってなされるとの原則が確立した。

要するに、この叙任権紛争とは、世俗権力にたいして教皇権力側が勢力の「境界」区分を提案したことであり、これによって封建社会のなかでの教会の地位と役割が確立するとともに、聖職者の道徳的・知的資質が向上した。この結果、一三世紀には、大司教区・司教区・教区といったキリスト教組織の階層的編成も整備され、洗礼・結婚・巡礼など教区を単位とする日常的な民衆生活の規範的枠組みが固まった。真の意味での社会のキリスト教化がはじまった、ともいえる。

いまもキリスト教建築の粋としてブルゴーニュを中心に各地に残るロマネスク様式の教会は、この修道院運動からはじまったキリスト教覚醒の芸術的表現である。

### 十字軍

この領主権力と教皇権力との共生関係を示すのが、「十字軍」である。セルジューク・トルコがパレスチナを占領して聖地イェルサレムへの巡礼が危険になったため、聖地をキリスト教徒の手に奪還する遠征であり、叙任権紛争のさなかの一〇九五年、教皇ウルバヌス二世(在位一〇八八―九九)がクレルモン公会議で提唱した。

十字軍は、トゥールーズ伯、フランドル伯などフランス、イタリアの騎士からなる一〇九六年の大規模な第一回十字軍から、一三世紀末の第七回十字軍まで二〇〇年にわたって間歇的に企てられた。しかし、結局、イェルサレムにつくった植民国家(イェルサレム王国)を維持することができず、失敗に終わった。フランス王も数回これに参加し、ルイ九世は遠征中にチュニスでチフスにかかって死亡している。

十字軍は、長期にわたって封建諸侯に遠征軍を組織させたことで、提唱者たる教皇の権威を高めた。また、領主の側でも、戦争と巡礼とを結合する「聖戦」という新概念がつくりだされたため、武骨な戦士にすぎなかった騎士は、異教徒と戦う「正義の士」となり、騎士身分は神聖化された。キリスト教と封建倫理の一体化である。しかし、一三世紀はじめの第四回十字軍は、途中で旅費に窮したためヴェネツィアの傭兵と化し、ビザンツ帝国の首都コンスタンティノープルを攻撃・掠奪してヴェネツィアと財宝を山分けし、フランドル伯を皇帝とするラテン帝国をつくるという逸脱行動をとった。このような宗教的情熱と土地への情熱との二つの情熱の乖離が、結局、十字軍を挫折に終わらせる原因となった。

## 3　商業の復活と都市の興隆

**農業の発展と村落の成立**

騎士領主制による治安の回復と、教区教会による社会規範の管理は、一一世紀から一三世紀にかけて、農村を変貌させた。フランスの人口は、紀元一〇〇〇年から一二〇〇年の間に約二倍になり、一三〇〇年には四倍になったと推定されているが、この基礎には、大規模な開墾と技術改良による食糧供給の増加がある。ヨーロッパの経済と社会にとって、この時期の農業生産の変化は、一八・一九世紀の工業生産の変化（産業革命）に匹敵する大転換といわれる。

技術改良では、北部フランスでみられる家畜用の有輪犂《すき》の使用や三圃農法の導入、また水車や風車の普及などがあり、個人や、とくに領主のイニシアティヴでおこなわれる開墾は、各地に「新村」を生んだ。領主は、新村の入植者をつのるため貢租や賦役の軽減などの措置を講じ、従来の荘園でも直領地が減少し、賦役負担は生産物の貢租にかえられた。また、移動禁止などをふくむ「農奴」身分は廃止の方向にむかった。

こうして土地耕作者の生存条件が向上すると、彼らを構成員とする村落共同体が全般的に成立してくる。教会組織の末端として教区が機能し、村の司祭が「神の平和」運動で役割を果たすことができたのも、このような農村共同体が運動の場として成立していたからである。また、城主が広域的な支配権を行使できたのも、住民がばらばらでなく村落を構成していたからであった。

## 商業の復活と都市

決定的に重要なことは、農民が生産主体になりはじめたことである。農民には依然として領主の貢租が課せられているが、彼らが努力あるいは幸運によって、穀物その他の余剰品をもつことができた場合、それを売って金を手にすることができた。

こうして農業の発達と農民の生活向上を基盤として、古代末期から衰退していた商業が復活した。

商業は、はじめは農民のつくった生産物を担いで歩く行商からはじまる。やがて、さびれた司教都市や新村、修道院、城塞、船着き場などの近くに商人・手工業者の集落が生まれ、しだいに人口を増やしていった。一二世紀後半になると、集落は城壁に囲まれた都市にまで成長する。一四世紀はじめには、人口一万人以上の都市はフランス全国で約二五をかぞえ、その多くはパリ、ルーアン、ブールジュなど北部にあったが、南部にもトゥールーズ、モンペリエ、ボルドーなどの大都市が生まれた。

中世都市の誕生は、新しい社会的・政治的・文化的な空間の出現を意味している。その住民はパン屋、肉屋、宿屋など土地所有からはなれた経済活動に従事する。条件しだいでは急速に財産を築くことも可能な社会であり、そのため金儲けや倹約といった領主や農民とは無縁な経済観念をもつ「ブルジョワ」（「町の人」）という新しいタイプの社会層が生まれた。

しかし、都市はあらゆる人間にひとしく機会を提供する開かれた場ではない。個人的努力で築かれる財産は土地にくらべて不安定であり、そのため都市内の同業者は相互扶助の組合を結成した。一三世紀のパリではその数は約一〇〇にのぼる。これらはそれぞれが特定の守護聖人をもつ宗教団体でもあり、同業者の増加を制限する閉鎖的集団でもあった。また同業組合の間の関係も平等ではなく、有力組合の大商人は市内に豪壮な館をつくり、市政の役職を独占した。

## コミューン

都市の経済活動にとっての障害は、その地域の戦乱や領主の恣意的な課税である。あの「神の平和」運動も、その最初のあらわれは、一〇七〇年に北部の都市ルマンの市民が領主の新税に抵抗して集団誓約をしたことであり、領主にたいする都市の自己主張の表明であった。「コミューン」と呼ばれるこの運動は、やがてほかの都市にも普及した。

初期の「コミューン」運動にたいして、領主はきびしい態度でのぞんだ。しかし、都市内に寡頭商人の支配する秩序ができるにつれて、領主との間に妥協が成立する余地が生じ、多額の貨幣提供や定期的な納税とひきかえに、都市は行政、課税、裁判の自治特権を獲得した。

こうして一三世紀に各地に生まれた中世都市は、住民の集団誓約を基礎とする団体であり、寡頭商人が市政を独占する階層的な社会だった。やがて有力な領主も農村から都市に移住し、領邦君主の宮廷も巡回をやめて特定の都市に定着する。政治権力の所在地は、もはや丘の上から農村を睥睨《へいげい》する城ではなく、壁と堀をめぐらしてそれ自体が要塞化した都市となった。宗教活動の中心も、畑に接する農村の修道院から都市の聖堂に移った。とくに有力市民の寄進によって建てられた司教座都市の大聖堂(カテドラル)は、天にそびえるアーチ状の天井と薔薇《ばら》窓のステンドグラスがロマネスク建築の隘路《あいろ》であった採光の問題を解決して、祈る場所と同時に市民が話しあう場所ともなった。このゴシック様式はイル-ドゥ-フランスで生まれ、ヨーロッパ各地に普及した。

**中世都市パリ**

ここで、パリについて一言しておくと、この地はガロ・ローマ時代にはルテティアと呼ばれて交通の要衝だったが、六世紀になると衰退した。ゲルマン国家の王は首都を決めずに居所を移動するのが常であり、カペー朝の初期の王も、パリよりもロワール河に沿うオルレアンをむしろ好んだ。

パリの発展は一二世紀からはじまる。その理由は、パリ盆地がフランス随一の穀物生産地域となったことのほかに、この当時の西欧経済の南北二極、つまり北イタリア諸都市とフランドル地方とを定期市で結ぶシャンパーニュの諸都市(トロワ、プロヴァン、ランなど)と、セーヌ川の水路を通じて直結していたからであった。また、市内のセーヌ左岸のサント・ジュヌヴィエーヴの丘に建つ大学の名声が、ヨーロッパ各地から学生をひきつけた。一一六三年から着工されたノートルダム大聖堂の建立も、ルイ九世の時代にほぼ完成し、その治下の一三世紀、パリはヨーロッパの経済、政治、文化の中心となる三つの条件を兼ね備えた。

## 4　カペー朝の成功

さて、このような社会のなかで、国王はどのような位置を占めるのだろうか。前述のように、初期のカペー王朝は勢力範囲が限られており、一一世紀には各地に城主が割拠するためますます勢力圏が弱まったが、一二世紀になると、ふたたび広い領域をカバーしはじめた。

**新タイプの領邦君主領**

この中世中期のカペー王国が中世前期の王国と異なる点は、封建家臣団のほかに雇い入れの常備軍や、支配圏を管理する中央・地方の有給役人を擁することである。それには領地からの恒常的収入だけでは不足するため、コミューンの設置を奨励して都市から貢納金をとり、また、多くの官僚や聖職者が王を取り囲む宮廷をつくった。こうして王は領主、教会、都市といった諸勢力を連携する要の位置を占め、これらと緊張をふくむ共生関係をもったのである。

だが、この変化は国王だけではない。他の領邦君主たちも、一二世紀になると王とほぼ同じ事情で勢力圏が広域化し、王をモデルとする宮廷をつくった。ノルマンディ公、トゥールーズ伯など一二世紀の大領主は、すべて、この新タイプの領邦君主である。このため王と領邦諸侯とが並存することになるが、カペー朝はこれらの領邦君主領をつぎつぎに王領地に併合して、一四世紀はじめには、親王領をふくめて王国の約四分の三を支配下におくまでになった。

これはきわめて注目すべきことである。というのは、中世中期のはじめにほぼ同条件におかれていた東フランク（ドイツ）の王権は、前述の領邦君主のなかから皇帝に選ばれたザクセン公オットー一世の血統が絶えたあと、選挙によってフランケン公領のザーリアー朝（一〇二四―一一二五）、シュヴァーベン大公領のシュタウフェン朝（一一三八―一二五四）と交替し、その間に、皇帝と封建的な主従関係を結ぶ領邦君主たちの領域支配権が強まった。そして、皇帝フリードリヒ二世（在位一二一二―五〇）の帝国絶頂期のあと、領邦君主たちの競合のため国王＝皇帝を選出できない「大空位時代」（一二五四―七三）となった。その後、国王＝皇帝はなんとか選出されたが、ドイツは大小数百の領邦君主領に分裂したまま固定し、これがその後の仏独二国の歴史の重要な相違点となったのである。

## カペー朝の成功

中世中期はじめの王権は、むしろドイツのほうが強力だったのに、なぜこうなったのだろうか。

その理由としてよく指摘されるのが、「カペーの奇跡」ともいわれる生物学的要因である。カペー朝の歴代の王は比較的長命で個人的資質もあり、そのうえ、すべて男子後継者に恵まれていたため、生前中に後継者を決めることができた、というのである。これは単純な要因ではあるが、王位の継承問題は諸侯がつけ込む最大のチャンスであるから、たしかに重要な点である。

しかし、理由はそればかりではない。カペー家の本拠地であるイル－ドゥ－フランスが経済的に豊かなため、都市から貨幣を調達するのが容易なこと、また、経済力があるからこそ可能なのだが、法律の専門訓練をうけ「レジスト」(法曹家)と呼ばれる新しい知識人を王の側近として登用し、イデオローグとして、またテクノクラートとして王政の発展に貢献させたことも見逃せない。歴代の王はこれらの有利な条件を生かし、武力だけでなく、封建法を盾に結婚、相続、領地の交換などあらゆる手段に訴えて、勢力の拡大につとめた。とくにフィリップ二世(尊厳王、在位一一八〇―一二二三)、ルイ九世(聖王、在位一二二六―七〇)、フィリップ四世(美男王、在位一二八五―一三一四)の三人が王権の拡大に大きな功績がある。

勢力拡大をめざすカペー朝にとって障害となるのは、国内の封建領主のほか、帝国復活の野望を捨てない神聖ローマ皇帝、キリスト教世界への君臨をめざすローマ教皇という二つの普遍主義勢力である。

皇帝との関係では、カペー朝の強大化を警戒した皇帝オットー四世、フランドル伯、イングランド王ジョンの連合軍を、一二一四年、フィリップ二世がリール近くのブーヴィーヌの戦いで撃破し、ついで皇帝フリードリヒ二世の死後、ドイツが大空位時代に入ったため、東からの脅威は消えた。

ローマ教皇との関係は、叙任権紛争がドイツほど深刻ではなく、また、第六・七回十字軍を指揮してチュニスで客死したルイ九世が皇帝や君主のなかではただ一人「聖人」に列せられるなどしたため、むしろフランス王に有利に働いた。そして、神聖ローマ皇帝の権威が後退する一三世紀後半からは、カペー王朝はそれまでの教会にたいする融和的な態度を変えて攻勢をとり、一三〇三年、フィリップ四世の側近の法曹家ギヨーム・ドゥ・ノガレ(一二七〇頃―一三一三)がローマ近郊のアナーニで教皇ボニファティウス八世(在位一二九四―一三〇三)を急襲して捕虜にするという事件まで、ひきおこした。教皇はまもなく釈放されるが、一三〇九年には、教皇クレメンス五世(在位一三〇五―一四)がローマの政争を避けて南仏プロヴァンスのアヴィニョンに移り、以後、「教皇のバビロン捕囚」と呼ばれる事態が約七〇年続いた。この間の七人の教皇のほとんどが南仏出身のフランス人であり、教皇庁はフランス王の影響下におかれた。

## アンジュー帝国

しかし、カペー朝が最も腐心したのは、国外よりは国内の領邦君主、とくにプランタジネット家との抗争である。

ことのはじまりは、ルイ七世(若年王、在位一一三七―八〇)がアキテーヌ公領の女相続人アリエノール(一一二二頃―一二〇四)と結婚したことにある。これにより、ピレネー地方に達する広大な南部の土地が王領地に併合される展望が生まれた。ところが、王妃とプランタジネット家のアンジュー伯アンリ(一一三三―八九)との間に醜聞が立ったので、ルイ七世が一一

図2-1 フィリップ2世即位(1180)時のフランス王国
〔Carpentier, J., Lebrun, F.(sous la dir. de), Histoire de France, Paris, Seuil, 1987 をもとに作成〕

五二年に離婚すると、アリエノールはアンリと結婚した。これはカペー朝に重大な結果をもたらすことになった。

というのは、その約一世紀前の一〇六六年にノルマンディ公ギヨームが、イングランドのアングロ・サクソン王に後継者がないことにつけ込んでイングランドに侵攻し、これを征服してノルマン王朝をイングランドに開いていたが、その王位継承をめぐる内乱のなかで、アンリが母の血統でイングランド王の継承者となったからである。そして、アンリが一一五四年にヘンリ二世(在位一一五四―八九)としてイングランド王に即位したとき、すでにアンジュー伯領のほかノルマンディ公領、メーヌ伯領、トゥーレーヌ伯領、アキテーヌ公領を領有しており、やがてブルターニュ公領も手に入れたので、カペー家をはるかに凌駕《りょうが》する広大なプランタジネット家国家(「アンジュー帝国」)が英仏海峡にまたがって出現した(図２―１参照)。プランタジネット家は領邦君主としてはフランス王と臣従関係にあるが、イングランド王としては対等である。しかもヘンリ二世は、フランスのアンジュー伯領に住むことが多かった。

ヘンリ二世とフランス王との関係は、近代国家の論理からすればおかしいが、封建国家の論理からみれば問題ない。そして、フィリップ二世からフィリップ四世にいたるカペー朝の歴代の王は、封建法の論理と術策を駆使して、封土の奪回や領邦君主の臣従化に心血を注いだ。その結果、プランタジネット家は大陸の所領の大半を失い、ギエンヌ公領とポンティウを保持するだけとなった。

こうして一四世紀はじめ、カペー朝のフランスはヨーロッパ政治のなかで第一級の地位を占めるばかりでなく、フランス語の各地宮廷への普及、イル＝ドゥ＝フランスではじまったゴシック建築様式の伝播などのように、文化的にも中心的位置を占めた。

# 第3講
# 中世後期の危機と王権

ジャンヌ・ダルク(同時代の図像)

| | |
|---|---|
| 1339 | 百年戦争開始(～1453) |
| 1346 | クレシーの戦い(仏軍，英軍に大敗) |
| 1348 | ペスト流行(～50) |
| 1358 | エティエンヌ・マルセルの反乱，ジャックリの蜂起 |
| 1378 | 教会大分裂(シスマ)(～1417) |
| 1407 | オルレアン公ルイ暗殺．アルマニャック派対ブルゴーニュ派の内戦開始 |
| 1415 | アザンクールの戦い(フランス，英軍に大敗) |
| 1429 | ジャンヌ・ダルク，オルレアンを解放 |
| 1431 | ジャンヌ・ダルク裁判，処刑 |
| 1435 | アラス条約(アルマニャック派とブルゴーニュ派の和解) |
| 1477 | マリ・ドゥ・ブルゴーニュ，ハプスブルク家のマクシミリアンと結婚 |
| 1492 | コロンブス，第1回航海 |
| 1494 | イタリア戦争開始 |
| 1498 | ヴァスコ・ダ・ガマ，インド到着 |

### 中世後期の位置づけ

ヨーロッパ地域世界にとって、中世中期は秩序形成の時代だったが、中世後期(一四・一五世紀)は全般的な危機の時代となる。この危機をへて近代国家へ移行するというのが、この中世後期の一般的な位置づけである。

だが、封建制という個別・直接的関係に立脚する王政が、租税収入を基礎に常備軍や官僚の機構を整備し、貴族を宮廷に統合するのが近代国家だとすれば、その移行は一三世紀から一七世紀にいたる長い連続的な過程であり、中世末期に独自の時代的意味があるとは思えない。この点で、この時代の専門史家ベルナール・グネは、王権は確立したが、それがいかなる王政になるかはまだ未確定な点が、この時代の特色だという。

それを単純化して言いかえると、こうなる。戦争その他で王は貨幣を必要とし、臣下を国家機構に引き込んで協力を要請するが、その要請の可否を臣下が自主的に判断できるかという問題がある。王と臣下との間の「自由」の問題である。また、その臣下が正当に人民を代表しているかという問題もある。人民の間のデモクラシーの問題である。どちらも将来の近代国家の根本的な問題だが、さしあたり前者の問題が萌芽的にはじまり、「抑制された王政」になるか、「絶対王政」になるかがまだ流動的な時代である。

## 1 「危機」の時代

### 飢饉とペスト

一四・一五世紀にヨーロッパ全体をおそった「危機」は、飢饉、疫病、戦争の三つの災害が重なったことに原因がある。

中世社会にとって、天候不順や戦乱に由来する短期的な飢饉は、めずらしいことではないが、中世末期のそれはもっと慢性的だった。その理由としては、一一世紀はじめからの人口増加にたいして、耕地の拡大や技術改良が頭打ちになったため人口過剰になった、という社会の構造からの説明が、最も説得的である。農民は閉鎖的な自給経済へもどり、経済全体が沈滞した。

この西欧世界を、七世紀もの間なりをひそめていたペストがおそった。一三四七年末、中東からイタリア商船に運ばれてマルセイユに上陸したペスト菌は、栄養不良のため抵抗力を弱めていたヨーロッパ社会に二年のうちにたちまち蔓延する。ペストはその後も周期的に流行をくり返し、フランスでは一世紀半のうちに、住民の三〇〜五〇パーセントの命を奪ったといわれるほどの猛威を振るった。

### 百年戦争

しかし、局地的に最大の災害をもたらすのは常に戦乱であり、なかでも被害の大きいのは、フランスを舞台に王位継承をめぐって争われた「百年戦争」である。戦争は百年間休みなく続いたわけではなく間歇的であり、二つの局面に分かれる。

カペー朝はフィリップ四世の死後、三人の息子がつぎつぎに若死したため、さすがの「カペーの奇跡」も終わり、深刻な継承問題がおこった。従兄弟のヴァロワ家が王位を継いで、新王フィリップ六世(在位一三二八―五〇)が即位するが、フィリップ四世の娘を母とするイングランド王エドワード三世(在位一三二七―七七)が継承権を主張し、ここに積年の英仏王家の対立が再燃した(図3―1参照)。一三三九年、エドワードは軍をひきいて北フランスに侵入し、百年戦争がここにはじまる。

フランス側は緒戦で大敗したが、一三七五年にはカレー、ボルドー、バイヨンヌをのぞいて失地をほぼ回復した。これが百年戦争の第一局面である。

第二局面は、平穏な約三〇年の後、フランス側の内部分裂からはじまる。ヴァロワ朝のシャルル六世(在位一三八〇―一四二二)の脳神経疾患が昂じたので、その弟のオルレアン公ルイと従兄弟のブルゴーニュ公ジャンが権力を競い合った。一四〇七年、ブルゴーニュ公がルイを暗殺したため、「ブルゴーニュ派」と「オルレアン・アルマニャック派」の内乱となった。ブルゴーニュ派は東部・北部の、オルレアン・アルマニャック派は西部・南部の騎士層を基盤とした。

いっぽうイングランドでは、一三九九年にランカスタ朝が成立していたが、ヘンリ五世(在位一四一三―二二)がフランスの内乱に乗じて一四一五年にノルマンディに侵入し、アザンクー

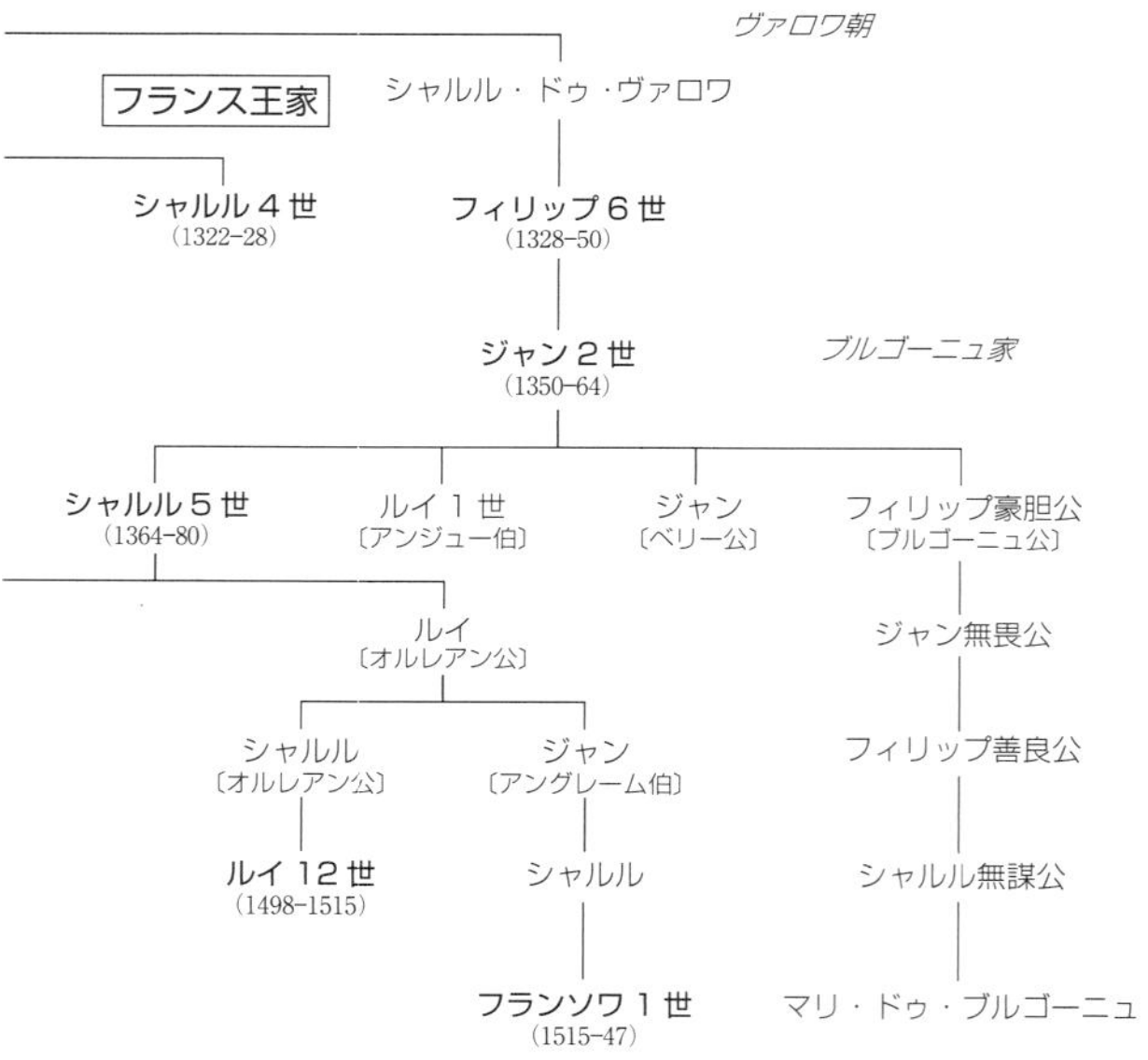


イングランド王家系図

ルの戦いで大勝して帰国した。フランスでは、アルマニャック派が王太子シャルル(のちのシャルル七世)を担ぐのにたいし、シャルル六世を担ぐブルゴーニュ派は一四二〇年、再度侵入したヘンリ五世とトロワ条約を結んだ。これによると、ヘンリ五世がシャルル六世の娘カトリーヌと結婚し、シャルル六世の死後フランス王位を継ぐことになる。

一四二二年、英仏両王がたまたま相ついで死んだため、条約に基づいて、ヘンリ五世の子ヘンリ六世(在位一四二二

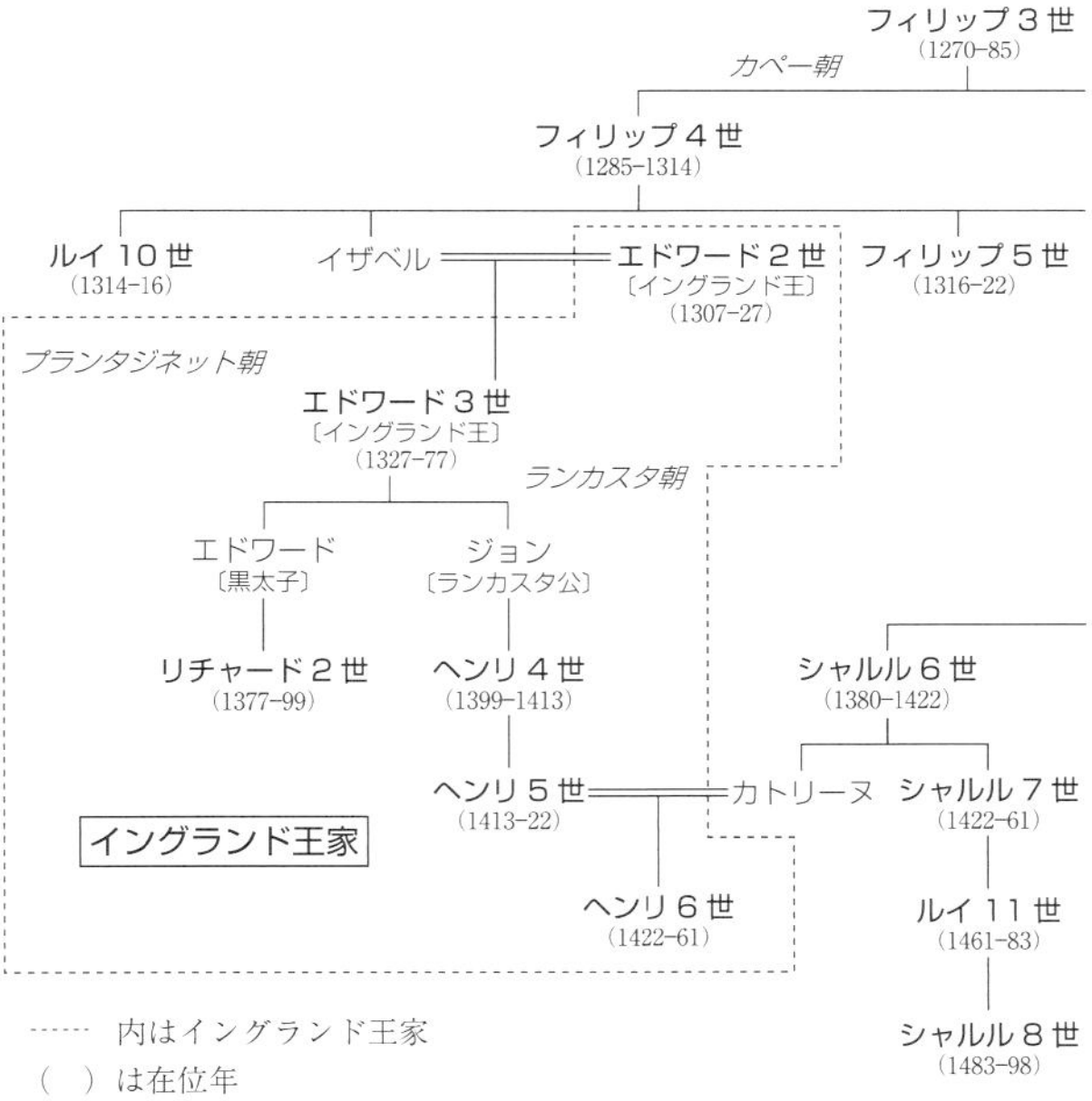


図3-1 中世末期のフランス・

一六二)が生後一〇カ月で英仏両国の王となり、叔父のベッドフォード公が摂政としてロワール川以北の北フランスを支配した。ブルゴーニュ公は親英の立場で、東部を支配する。王太子シャルルもまたシャルル七世(在位一四二二―六一)と称し、ブールジュに退いてロワール川以南を支配するが、母イザボーが王太子は不義の子でヴァロワの血を引いていないと証言したため自信を失い、士気が上がらない。一四二八年、ベッドフォード公はこの曖昧な状況を一気に打開するため、アルマニャック派の要地オルレアンを攻囲した。

ジャンヌ・ダルク(一四一二頃―三一)が登場するのは、このときである。

**ジャンヌ・ダルク**

ジャンヌはロレーヌのドンレミ村の裕福な農民の娘で、一四二九年、オルレアン攻囲を知ると意を決して王太子に会いにゆき、ロワール河畔のシノン城で、戦士の列に加えられることに成功した。天使の旗印を掲げて入城した彼女を迎えたオルレアンは士気が上がり、一〇日後にオルレアンは「奇跡的」に解放された。

ついで彼女は周囲の反対を押し切ってランスに進撃し、七月、ランス大聖堂でシャルル七世の聖別式を実現させた。これによって疑惑をひきずっていたシャルルの地位は強まり、情勢はやや有利となったが、翌年五月、ジャンヌはパリ近郊の戦闘中にブルゴーニュ軍の捕虜となった。ブルゴーニュ派はジャンヌを身代金と引きかえにイングランド軍に売り渡し、一四三一年五月三〇日、悪意と計略に満ちた異端裁判の末、ジャンヌは異端としてルーアンの広場で焚刑《ふんけい》に処せられた。

こののち、アルマニャック派とブルゴーニュ派は一四三五年に和解し、イングランド軍はしだいに駆逐されていった。一四五三年、イギリスの手には大陸側の領土としてはカレーだけが残り、百年戦争は事実上終了した。

「オルレアンの奇跡」とは何だったのか。

ジャンヌ・ダルクといえば、日本ではおそらくナポレオンとならぶフランス史上の有名人だろう。しかし、フランスで彼女が「救国の乙女」として歴史的関心の的となったのは、主に一九世紀中葉からのことで、それまでは無関心または忘却のままに放置されていた。この少女をはじめて形象化した共和主義歴史家ミシュレは、ジャンヌを愛国の、しかも共和主義的な民衆の娘に仕立て上げ、これにたいして反共和主義のカトリックは信仰のもつ超自然的な力を強調した。この対立は、第三共和政の安定とともにやがて「愛国の聖女」という折衷的イメージとなったが、それにつれて、今度はジャンヌを反アングロ・サクソンのシンボルとする右翼ナショナリズムが台頭した。

このように、ジャンヌ・ダルクは、第7講以降で述べる国民国家の発生と結びついて神話化される典型的な例の一つだが、それを離れて歴史のなかで考えてみると、少なくとも二点を指摘できると思う。

第一に、これは近代国民感情にかかわることではない。ドンレミ村はブルゴーニュ派が強い東部地域のなかにあって古くからヴァロワ領であり、ジャンヌも戦禍を避けて一時村を立ち退く経験をしたが、この頃からたびたび「フランスを救え」との「神の声」を聞きはじめたらしい。ジャンヌを突き動かした動機は、郷土愛と、ランスの聖油によって聖別される神聖な王という民衆の間に流布していた国王観念であり、彼女がシャルルの聖別式を最優先させたのも、計算された戦略ではなかった。このような民衆的信仰にかられる果敢な行動が、味方に自信、敵に怖れを引きおこす「奇跡」を生んだ。この意味で中世は宗教の時代である。

第二に、百年戦争の経過にみられるように、政治情勢は王朝の対立であり、国民的事件ではない。ブルゴーニュ派との和解を模索する王の側近にとって、ジャンヌの純粋な戦闘主義は有難迷惑であったし、また、彼女に体現される民衆的宗教感情にたいする警戒心も強まってきたのであろう。このため王側はジャンヌ救出の動きを一切おこなわず、彼女を見捨てた。こうして危機に際して噴出した民衆的熱情は、王権によって利用され、翻弄されることで終わったのである。

### 危機の帰結

中世末の危機は、封建社会を構成する領主、教会、都市の三権力を変化させた。最大の打撃をうけたのは領主層である。人口減少と農村の荒廃のため基本的収入源である封建的貢租の基礎を掘りくずされたばかりでなく、戦争で家系が断絶したり、あるいは莫大な捕虜の身代金を支出することが少なくなかった。負担を転嫁された農民は反抗し、一三五八年には「ジャックリ」と呼ばれる大規模な農民反乱が北フランスにおこっている。一五世紀後半からは戦火もおさまり、領主の所領経営もようやく再建がはじまるが、農民誘致のため農民の土地保有権の強化や貢租の軽減など大幅に譲歩を強いられた。このため領主層は宮廷に取り入り、国王から役職や年金をもらう方向をとりはじめる。ルイ一一世(在位一四六一―八三)の死亡時には、約七五〇人もの宮廷人がいたという。

王と教会の関係も変わった。一三七七年に教皇グレゴリウス一一世はアヴィニョンからイタリアに帰還するが、反対派のフランス人枢機卿たちは別の教皇を立て、約四〇年間の「教会大分裂」(シスマ)となった。分裂はコンスタンツ公会議(一四一四—一八)で解消するが、教皇の権威は失墜した。フランスの司教の間にも教皇からの独立心が強く、一四三八年、シャルル七世はブールジュで聖職者会議を開き、フランス教会への国王の優位性を主張する国事詔書を発した。これは、フランス教会を教皇権から独立させる「ガリカニスム」(国家教会主義)への重要な一歩となった。

最後に都市についてみると、それまで王権と比較的協調してきたパリは、百年戦争のなかで課税の増大に反発し、反王権の先頭に立った。一三五八年、パリの商人頭(市長に当たる)エティエンヌ・マルセル(一三一五頃—五八)は反乱をおこし、その後も反乱が続発した。しかし一五世紀後半になると、都市の寡頭商人は国内秩序の保障を王に期待するようになり、王の側でも悪貨の回収など経済政策に力を注いだ。同時に、上層市民は領主の土地を買いとって王の行政機構に入り、体制内で政治的発言権を確保する方向をとりはじめた。

## 2　王政の強化

このように、中世末期の危機は王政の発展にとって有利な社会的条件となったが、それは三つの分野で生じる。

**王政機構の整備**

第一は、王政機構の整備である。それまでの王政の理想像といえば、王が租税に頼らずに王領地からの収益だけで堅実に暮らし、またヴァンセンヌ城の樫《かし》の木の下にすわって公正な裁判をおこなう敬虔な聖王ルイ九世というイメージが示すように、王と従者との関係が直接的、個人的、家父長的だった。これが封建王政である。ところが、王権の拡大につれて、王政が「機構化」してくる。ここで少し時代をさかのぼって、その主要点だけをあげると、中央の最高決定機関は王と少数の重臣で構成される「国王顧問会議」で、一二世紀に整備されたが、一三世紀のルイ九世治下にそれが機能分離して、司法の高等法院（パルルマン）、財政の会計検査院（シャンブル・デ・コント）が独立機関となっていた。それが一五世紀以後、高等法院はパリ以外にもトゥールーズ、グルノーブル、ディジョン、ボルドーなど、会計検査院もグルノーブル、ディジョン、アンジェなど、あらたに併合された地域の主要な地方都市に新設された。

また地方機構としては、古くから王領地の徴税・司法を請負う役人の「プレヴォ」職があったが、世襲化して有効でなくなったため、フィリップ二世治世下にそれを監督する有給役人の「バイイ」(南部では「セネシャル」)が設置されていた。これは一八世紀まで機能する重要な地方官僚だが、この職が増員された。これによって、恒常的財源としての租税を徴収することが可能となり、このため一五世紀末、フランス王は質量ともにヨーロッパ最強の陸軍をもつことができた。

なお財務、司法、行政の役人が増えるにつれて、先任の退官者が一定額の報酬をうけるかわりに後任候補者を王に推薦し、王がそれを任命する慣習が、一四世紀末にはじまった。この私的な売官制は、後述のようにやがて公的な制度となって大発展する。

## 全国三部会

中世末期の重要な制度である全国三部会も、この文脈で理解しなければならない。そのはじまりは、教皇ボニファティウス八世との対立のさなかの一三〇二年、フィリップ四世が教皇への強硬政策に国内の支持を得るため領主、聖職者、都市民の代表をパリのノートルダム大聖堂に集めたことにある。その後も時々住民の代表会議が召集されたが、それは、王が税を徴収するときは関係者の同意を必要とするというローマ法の原則によるためであり、ルイ一一世の死の一年後の一四八四年、トゥールの会議で、聖職者、領主(貴族)、市民(平民、第三身分)の三「身分」の代表で構成されることが確立した。これはやはり、国家が住民との直接的関係をこえて組織化されるとき、住民代表のコンセンサスを得る必要が生じることを物語っている。しかし、そこには政策について全国規模の世論の支持を組織しようとする王側と、王の恣意をコントロールしようとする住民側との両方の思惑がふくまれ、国政における全国三部会の位置づけは曖昧だった。そのため、王権としてはなるべく面倒な会議の開催を避けようとし、また開催しても、「議会」ではなく王の意思の一方的通達ですまそうとした。こうして、全国三部会は将来の紛争の種となる。

### 王権の理論と王の儀礼

第二に、フィリップ二世以来、王は王領地の拡大とならんで、個々の領主や領邦君主にたいする王権の優越性を主張することに力を注いだ。というのは、王として存在するためには、単に司法あるいは軍事の権力を保持するだけではなく、他の領主とは質的に区別される何らかの特別の資質が必要だった。そのため、一三世紀から一五世紀にかけて、王の側近の「レジスト」たちによって、後世の王権神授説の先駆けとなる王権理論が構築されていった。

この点については、ポーランド生まれの亡命アメリカ人史家エルンスト・カントロヴィッチの説が有名である。中世の政治神学が王権のイメージを「自然的身体」と「政治的身体」の二つの方向に同時に発展させた、という指摘である。前者は、血統を強調することによって「王家」が神聖化される物理的身体であり、後者は、神の恩寵をうけたことを強調することによって「王位」が神聖化される神秘的身体である。後者は王の肉体をこえた抽象的観念となり、近代的な「主権」の概念に道を開くことになる。

しかし、中世後期には、単に王権のイデオロギーだけでなく、王権を神聖化するさまざまのシンボル装置が発展した。

第１講で述べたように、ランス大聖堂の聖別が典礼として定着するのはルイ九世の一三世紀だが、これによって中世フランス王権の特徴となる表象システムが確立した。中世史家ルゴフによれば、それは超自然力を付与されて神と人民との仲介者となる聖性、教会の活動を補助する敬虔さ、教会人としての役割も果たす祭司性、そして聖別後の最初の行為となる「ロイヤル・タッチ」によって病人をいやす奇跡力の四つからなる。

また、王がはじめて都市に入市するとき、あるいは聖別後や戦勝後に都市に帰還したとき、都市が全市をあげて祭りの日となる「アントゥレ・ロワイヤル」の儀礼が生まれたのは、一四世紀である。これらには単に王の聖性のデモンストレーション以上に、王を中心として日常生活を律する社会秩序の構築の意図がこめられていた。たとえば、一五世紀以来、王の葬儀の行列に際してパリ高等法院長が王の棺の横を歩むことになったが、それは、パリ高等法院の社会的序列が格上げされたことを意味している。

### 領邦君主領の消滅

第三に、一一世紀以来、王政の障害となってきた領邦君主領が消滅した。

前述のように、王権は領邦君主領をつぎつぎに併合して王領地を着実に拡大していったが、その一部を親王領としてブルゴーニュ公やオルレアン公などの王族たちに領有させていた。イングランド軍の撤退後、今度は王族が王権を脅かす存在となり、とくに経済最先進地フランドルをも領有するブルゴーニュ公は本家の王をしのぐ勢力を誇った。ここに一五世紀後半、豪華な宮廷を擁して王位を狙う派手好みのブルゴーニュ公シャルル(無謀公、一四三三—七七)と、陰険な偏屈人フランス王ルイ一一世(在位一四六一—八三)との宿命的な対立が展開するが、シャルルは計略にかかって戦死した。

ルイ一一世はブルゴーニュとピカルディを手に入れるが、シャルルの娘マリはオーストリア皇帝の子マクシミリアンと結婚し、ハプスブルク家にフランシュ‐コンテ、アルトワ、フランドル、ネーデルラントをもたらした。ルイ一一世はこの失策の埋め合わせとして、アンジュー、メーヌ、プロヴァンスを併合するのに成功した(図3—2参照)。こうして領邦君主領は解消し、フランス王はまがりなりにも領域的な統一を達成した。他方、イングランド王国は大陸支配の野心をあきらめて島国国家となる。これは両国にとって、ようやく国民感情が生まれる条件となった。そして、いまやコンパクトな国土の支配者となったフランス国王は、ドイツで台頭してきたハプスブルク家と、大陸の覇権をめぐり数世紀にわたって対立する局面に入った。

**中世国家終結の比較**

中世末期における王権の集権化は、フランスだけではなく、ヨーロッパ地域世界の一般的傾向である。とすれば、フランスの独自性は何だろうか。領主、教会、

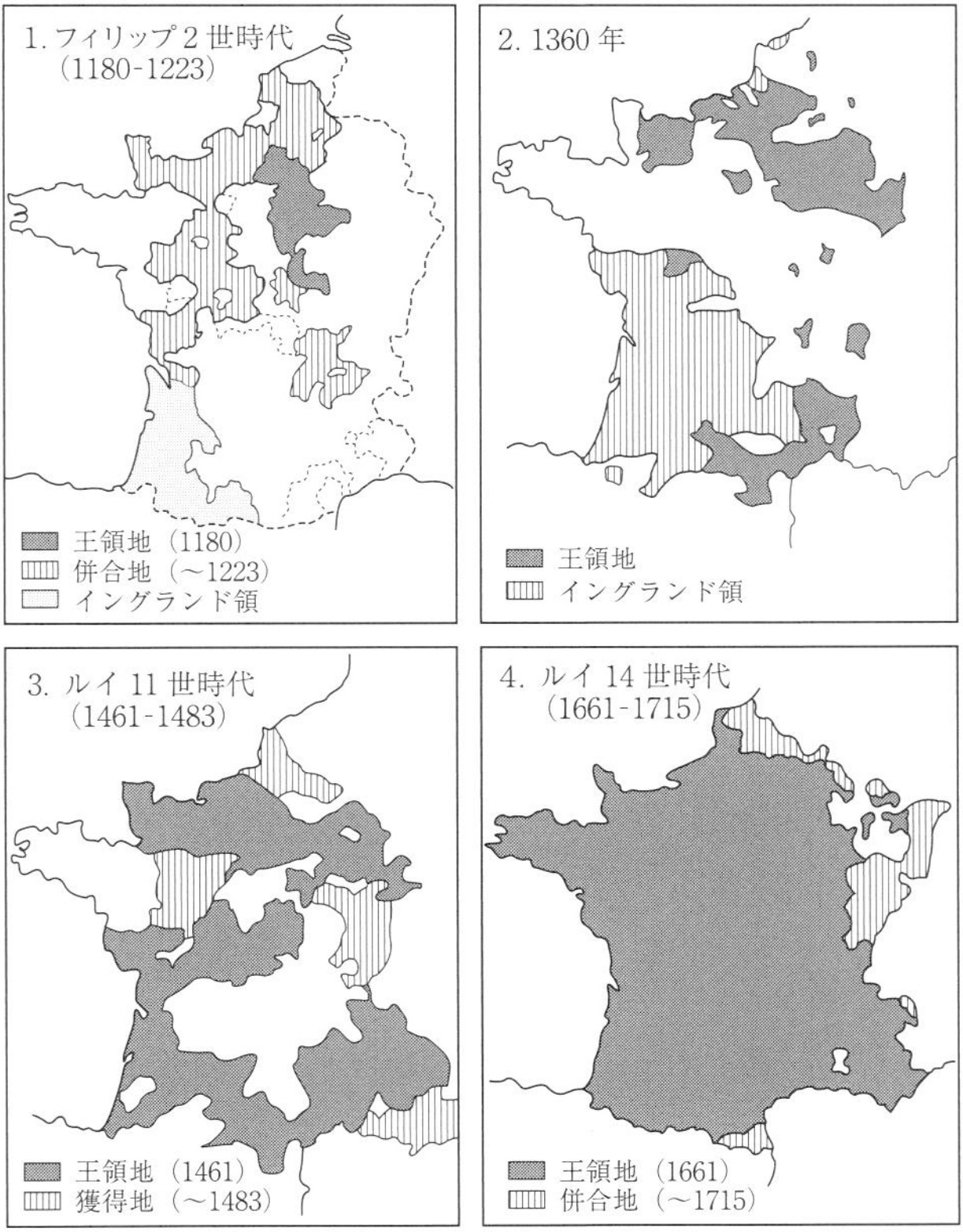


図3–2　王領地の拡大〔Burguière, A., Revel, J.(sous la dir. de), Histoire de la France : L'espace Français, Paris, Seuil, 1989をもとに作成〕

都市の三者が治安、規範、経済の自立的な権力として成立するのが、中世中期のこの地域世界全体の特色だとすれば、王権と三権力との関係のなかに独自性がある。そこで、ごく大雑把ではあるが、フランス、イングランド、ドイツの中世国家の終結の仕方を比較してみよう。

フランスの中世史家マルク・ブロックは、初期カペー王朝の支配範囲であるロワール・ムーズ両河間の王領地が、封建制が典型的に成立した狭い地域であることを重視している。そのため、それ以外の領邦君主領にはローカルな慣習法が深く根をおろし、王が諸領邦君主領をつぎつぎに併合したとき、中央から派遣した国王役人のバイイやセネシャルは、地方勢力と強い緊張関係をもつ。だが、それと同時に、国王は貴族懐柔のため平民のみに課税し、貴族は血で負担するとして、貴族(と聖職者)を優遇した。

この見地からイングランドをみると、そこでは、ウィリアム一世のノルマン征服王朝がアングロ・サクソン期の領邦君主領を解体し、王が全国土の支配者となって司法・課税権を一手に集中した。貴族も課税対象となる。地方における王権の代理人には、王に納付金を納めるかわりに職務を請け負う「シェリフ」がなるが、大陸にも片足をおく王権にたいして土着勢力としての独立性を帯びる。たとえシェリフが王に反抗しても、王権の代理人というその機能が確立しているため、王政そのものの解体ではなく、王政の枠組み内での発言権を確保する方向に働いた。このためイングランドは、統一国家の成立と地方自治システムがバランスを保って進行した。フランスの三部会に当たる議会についても、王政と貴族とのバランスが保たれている。

これにたいして、東フランク王国では、伯が封ではなく官職の保持者であるとの観念と、王が世襲でなく選挙で選ばれるカロリング王国以来の慣例が続いた。王は、カペー家のような狭いが確固とした基盤となる王領地をもっていない。そのため、のちに伯領が自立してきたとき、それぞれが王国として自立し、ドイツは政治的に分裂した。

このように比較史的にみたとき、フランスの集権国家への移行は、社会的な条件の成熟を待つことなく王権が政治的に領邦権力をつぎつぎに寄せ集めることですすめられた。したがって、強い官僚機構と王権の神聖化は、その集権化がともなうギャップと照応している。ヨーロッパのなかで最もキリスト教的であるとして尊敬されるフランス王は、国内的に最も緊張関係をかかえる王として近世を迎えるのである。

# 第4講
# 近代国家の成立

シャンボール城

| | |
|---|---|
| 1494 | イタリア戦争開始(～1559) |
| 1559 | カトー－カンブレジ条約 |
| 1562 | ヴァシーの虐殺(宗教戦争開始) |
| 1572 | サン－バルテルミの虐殺 |
| 1581 | ネーデルラント独立宣言 |
| 1589 | アンリ 3 世暗殺，アンリ 4 世即位 |
| 1598 | ナントの王令 |
| 1610 | アンリ 4 世暗殺 |
| 1618 | 30 年戦争開始(～48) |
| 1624 | リシュリュー，国務会議に入る |
| 1627 | ラロシェル攻囲(～28) |
| 1643 | ルイ 14 世即位 |
| 1648 | フロンドの乱(～53) |
| 1661 | ルイ 14 世，親政開始 |
| 1667 | ネーデルラント継承戦争(～68) |
| 1672 | オランダ戦争(～78) |
| 1685 | ナントの王令廃止 |
| 1688 | ファルツ継承戦争(～97) |
| 1701 | スペイン継承戦争(～14) |
| 1715 | ルイ 14 世死亡 |

フランス史では、フランス革命以前を「アンシアン・レジーム」(「旧体制」)と呼ぶ。これは、すべての過去と訣別するのだというフランス革命当時の強烈な断絶意識の名残りであり、その当時は、この言葉は中世いらい革命前夜までの全期間をふくんでいた。だがいまでは、一六世紀から革命前夜(一七八九)までをさす中立的な時代区分の用語であり、ヨーロッパ史一般では「初期近代」という。つまり、一六世紀から「近代」がはじまるのである。

**近代世界の開幕**

一六世紀以後、ヨーロッパ地域世界は、東アジアあるいはイスラム地域世界にくらべて、経済・政治・文化の面で顕著な発展をとげ、今日にいたる欧米覇権のプロセスがここにはじまる。フランスの発展も、この地域世界全体の動きの一部としてしか理解することができないはずである。

そこで、なぜ近代に入ると、ヨーロッパ地域世界の顕著な発展がはじまるのか、という問題が生ずる。大きな問題で、いろいろな考え方がありうるが、私は、一六世紀に開始するいわゆる「世界の一体化」を重視したい。それまで隔絶ないしは交渉が偶発的であった複数の地域世界が、永続的な関係に入るのである。

この関係は、ヨーロッパ地域世界がアメリカ、アフリカ、アジアといった非ヨーロッパ地域世界へ一方的に活動規模を拡大したのではない。

その最も顕著なケースとして東アジアをみると、そこでは、ヨーロッパ人の到来以前の一五・一六世紀に活発な海上進出の時期があり、東アジア海域にアジア商人による広範な交易網が成立していた。ヨーロッパ人の進出とは、この既存の東アジア交易網に彼らが直接に参入してきたことなのであり、これなしには彼らの活動は不可能だった。しかし、周知のように、ヨーロッパ諸国がこの後ますます海外活動を拡大し続けるのにたいして、日本・中国は渡航や貿易を制限・禁止する「海禁」に転じた。

これは一見、ヨーロッパ諸国が「近代」の道を進み続けるのにたいして、東アジア諸国がその舞台から退場したかのような印象を与える。しかし、そうではない。この東西のコントラストは、国内秩序の再建を優先する「内向」的な東アジア国家と、実り多い海外活動の拡大を志向する「外向」的なヨーロッパ国家との相互規定関係を示すものにほかならない。そして、この「外向」と「内向」との補完関係だけでなく、多種多様な従属関係をもつアメリカ、アフリカ、アジア諸地域世界をふくんだ多様な相互規定関係の総体が、近代の「資本主義的世界体制」である。ヨーロッパの「初期近代」と日本の「近世」とは、世界史的には同時代なのである。

そこで、以下で私は、耳なれない「初期近代」を避けて、あえてヨーロッパについても「近世」

という用語を使うことにする。この「近世」の世界体制のなかで、何がフランスでおこるのか、これが本講の内容である。

## 1　近世ヨーロッパの大変容

**近世の東アジア**

ヨーロッパに入る前に、対比を明らかにするために、東アジアについてもう少し述べておきたい。前述のように、ヨーロッパ人の来航以前に東アジア海域には中国人、インド人、日本人などによる活発な交易圏が成立していたのだが、一七世紀以降に日本、中国は「海禁」政策に転じた。だが、のちに「鎖国」と呼ばれる日本の「海禁」は、文字通り「国を閉ざした」のではなく、その直後の貿易量は一時的にはむしろ増加している。つまり、徳川幕府は国家間交易の担い手をヨーロッパ人の手に委ねる犠牲を払ってまで、国内秩序の確立を優先させた。したがって近世日本の経済は、ヨーロッパ諸国のように海外貿易と連動して大きく発展することはないが、内向して国内市場の成熟をもたらした。それが幕末開港への一定度の対応力となったのである。

他方、東アジアの国家間システムは後述するヨーロッパの「主権国家システム」とまったく異なっている。東アジアでは、古来、中国を中心とする冊封《さくほう》体制が存在しており、この華夷《かい》秩序は、近世ヨーロッパとは異なって、国家間の恒常的な競合の激化・戦争という事態にはならないため、一見、大きな変更をこうむらない。しかし、明清の政権交代を眼の前にした幕府はこれを「華夷変態」としてとらえ、神国思想という日本的小華夷秩序観念を創り出した。こうして徳川幕府は、中国中心の華夷体制から一歩距離をおいて、内にこもった。したがって、東アジアの伝統的な国家間システムは、まったく変わらないままに、一九世紀中葉にはじめて「近代」に直面させられたのではない。近世以降、明らかに近代的世界体制のなかで変質しているのである。

## 大西洋経済

さて、近世以降のヨーロッパに話をもどすと、国家の「外向性」に由来する変容は、経済における「大西洋経済」、政治における主権国家システムに集約される。

「大西洋経済」とは、一六世紀以降のアメリカ、アフリカ、アジアへの海外進出の結果、遠隔地商業の舞台が地中海とバルト海から大西洋に移り(アジア貿易も大西洋を経由する)、そのため急速に興隆した大西洋沿岸諸国の初期資本主義の発展である。その中心は、はじめスペイン、ポルトガル、ついで一七世紀からオランダ、イングランド、フランスへと移った。フランスは、フランソワ一世のときから北米東海岸に調査隊をおくり、とくにカナダを調査したが、王たちの主な関心がヨーロッパ大陸内のイタリア支配にむけられていたため、新大陸への進出は幾分遅れをとった。しかし、一七世紀からはインドやカリブ海のアンティール諸島の植民地経営に力を入れた。

海外貿易は国家の経済、財政にとって大きな要因ではあるが、スペインの場合が示すように、それが国内経済とうまく連携しなければ、発展要因とはならない。そのため関係諸国は国家の総力をあげて国内経済の保護・育成につとめるとともに、海外貿易を支援し、そのためには軍事行動をも辞さなかった。こうして、いわゆる「プロト工業化」時代の初期資本主義の世界体制は、経済生活の単位として、政治体としての個別国家への凝集力を強めることとなった。

## イタリア戦争から三〇年戦争へ

近世ヨーロッパの国際関係は、東アジアと異なって、全面的な戦争の時代に突入する。その原因は、伝統的な対立に加えて海洋商業をめぐる対立がはじまったためだが、これを通じて、国家間の関係が変化する。その転機がイタリア戦争である。

イタリア戦争自体には、キリスト教世界の盟主になろうとする中世的幻影が働いている。百年戦争による荒廃からようやく立ち直ったフランス王シャルル八世(在位一四八三―九八)がイタリア支配の夢にとりつかれ、一四九四年、スペインのアラゴン王が占領しているナポリ王国の王位継承権を主張してイタリアに出兵したのが、はじまりである。歴代の王がその志を継ぎ、ようやくフランソワ一世(在位一五一五―四七、ヴァロワ゠アングレーム朝)が一五一六年、教皇やスイスとノワイヨンの和議を結んだ。イタリアの諸侯や神聖ローマ皇帝、アラゴン王などが歴代のフランス王の野望を妨げたのだが、ともかく北イタリアをフランス王、南イタリアをアラゴン王が支配することで決着した。イタリアのルネサンス芸術がフランスにもたらされ、シャンボール城などロワール流域の華麗な城館にもみられるフランス・ルネサンスを開花させるのは、フランソワ一世のイタリア出兵に負うところが大きい。

ところが、神聖ローマ皇帝にカール五世(在位一五一九―五六)が就任すると、イタリア戦争が一五二一年から再開する。今度は、ブルゴーニュ家の所領をはじめスペイン王位、さらにはハプスブルク家のオーストリアを継承して広大な領地をもつことになったカールが、西欧キリスト教世界の盟主となる野望を抱いたためであり、フランスを先頭にドイツ、イタリアの諸侯やイングランド王がこれを阻止する側にまわった。戦況は一進一退のすえ、ついにフランス、ハプスブルク家の双方が財政的に力尽き、一五五九年、カトー=カンブレジの条約を結んで終結した。フランソワ一世を継いだアンリ二世(在位一五四七―五九)はイタリアをあきらめ、イングランド国王はカレーから手を引いた。カール五世からスペイン王位を継いだ息子フェリペ二世(在位一五五六―九八)はミラノ、ナポリを確保してイタリアを支配したが、念願のブルゴーニュ公領の再興を断念した。フランス、ついでハプスブルク家の中世帝国の夢は、ともに挫折したわけである。

イタリア戦争は、ヨーロッパ地域世界の海外進出と「宗教改革」運動が並行して進行した時期でもある。一六世紀後半になると、フランスでも深刻な宗教内乱がおこるが、カトー－カンブレジ条約後のヨーロッパ国際政治は、最強の軍事力をもち国益擁護とカトリック信仰の制覇を掲げるスペイン王フェリペ二世と、その覇権を阻止しようとする諸国家との対立を軸に展開した。スペイン支配から離反した新教国オランダを、新教のイングランドとカトリックのフランスの双方が支援したのも、そのあらわれである。

教会と皇帝を軸とする普遍主義的な世界秩序の後退は、一七世紀前半の三〇年戦争（一六一八－四八）でいっそう明確になる。この戦争は、宗教改革運動がフランスより一歩早くはじまっていたドイツを舞台として、ヨーロッパ地域世界全体がかかわった大戦争である。皇帝フェルディナント二世の側にはドイツ旧教徒諸侯のほかスペイン王が、ドイツ新教徒諸侯側には新教国のデンマーク、スウェーデン、オランダ、イングランドがつき、さらにカトリックのフランスが武力支援した。戦争は一六四八年のウェストファリア条約で終わり、スペインとフランスとの戦争は、一六五九年のピレネー条約によって終わった。ドイツ皇帝とスペイン王はともに戦争に疲弊し、フランスはもはやハプスブルク家のオーストリアをおそれる必要はなくなった。

## 主権国家システム

三〇年戦争後、ヨーロッパの政治的重心はヨーロッパ中部から西北部へ移動した。戦禍のためドイツ諸邦が疲弊したためばかりでなく、海外貿易の重心が地中海から大西洋の沿岸に移ったからである。オランダなど新興の海洋国家やオーストリアのような大陸国家が構成する国際関係が、「主権国家システム」と呼ばれる近代ヨーロッパ独特の国家間システムである。その特徴は、普遍主義理念を追求する中世的な帝国や教会にかわって、王家を中心とする個別国家がそれぞれ主権をもって自国の利益追求を目的とすることで、そのため宗教やイデオロギーよりは国益を優先させる。もちろん主権は常に尊重されるとは限らないが、恒常的な戦争状態を避けるため、また突出した強国の出現を防ぐため、軍事以外の国益追求の手段、すなわち同盟関係によって強国をチェックする外交が重視され、「バランス・オブ・パワー」の観念が生まれた。この国家間システムは、都市国家が死活をかけて競い合い、レアリストの政治家マキアヴェルリを生んだ近世イタリアではじまった。そのため、各国の宮廷が外交官を相互に常駐させる慣例が生まれたのだが、これがヨーロッパ全体に一般化した。

以上が近世フランスをとりまく国際環境である。

## 2 絶対王政への歩み

**貴族とブルジョワ**

イタリア戦争はフランスにとっても激動の時期であり、その直後から、約一〇〇年にわたる政治的混乱期に入った。その危機を切り抜けた一七世紀後半、太陽王ルイ一四世(在位一六四三―一七一五)の治下に、フランスはヨーロッパ第一の強国となった。

なぜそうなったかといえば、抽象的な言い方になるが、この時代が必要とする性格の国家を最初に構築したからである。その国家とは、国王のもとに、領域内(「国境」という観念はこの時代に生まれた)の人的・物的な資源を最大限有効に動員しうる機構をもつ国家であり、言いかえると、国家が徴税あるいは裁判など何らかの形で住民全体をつかむことである。逆にいえば、住民全体が何らかの形で国家とかかわりをもつことである。端緒的な国民国家といってもよい。そして、この近世国家への転換を可能にしたのは、領主層の没落と新興ブルジョワ層の上昇という社会的交替が、一六世紀の経済活動によって促進されたからである。

しかし、中世から近世への過渡期の社会層の志向は単純ではない。領主層は土地を基本的な経済的基盤としているため、農民からの貢租だけで旧来の生活の維持が無理となり、没落するか、宮廷へ寄食して軍職・聖職にありつくしかない。司教と僧院長の叙任権は、ブールジュの国事詔書(一四三八)とボローニャ宗教協約(一五一六)によってガリカニスム(国家教会主義)が確立したため、国王の手に移っている。こうして、王族親王や大貴族は国王顧問会議メンバーや地方総督などの顕職にありつき、その周辺には地方の中小貴族が「クリアン」(保護・被保護関係を結ぶ家の子郎党)として結合していた。もはや彼らにとって、王政をくつがえすことなど思いもよらない。しかし地方には、時代から取り残されて窮迫する豪士貴族がかなりおり、一六世紀にはまだ伝統的権利を守るため農民蜂起の先頭に立って王政に反抗する者も少なくない。だが、一七世紀になると、体制へ完全に反逆する貴族は稀になる。

他方、近世の「ブルジョワ」とは、もはや中世都市の固定した身分層ではない。商工業の発展で各地の都市人口が増加し、最大都市パリでは一五〇〇年に二〇万人だったが、五〇年間で三〇万人になり、そのほか金融の町リヨン、貿易の町ルーアン、マルセイユ、ルアーヴル、ボルドー、ラロシェルなどの興隆が目立つ。都市周辺の農村部には市場町が叢生し、これを足場にして農民から市場町の小商人へ、さらには中規模都市の商人へと、社会的上昇の波が活発になる。もちろん成功するのは一部の幸運者にすぎないが、一介の村の商人から数世代をへて地方都市の大商人兼製造業者に成り上がる家族もめずらしくない。このように、近世の「ブルジョワ」とは、民衆から抜け出して社会的上昇の階梯途上にいる中間層をさしている。

ブルジョワにとっては、経済活動のために、国内平和と対外防衛を保証してくれる強力な王政が必要である。しかし、国王の過重な課税から都市特権を擁護するため、王政に抵抗もする。また、この「ブルジョワ」は、富を蓄積すると、企業の拡張ばかりでなく、土地を買って地主になり、さらには国庫への貸付や徴税請負、官職購入の道を選ぶことが非常に多い。その一部は貴族に叙せられることもある。きびしい産業規制が企業発展を制約しているため、安全性があるうえ社会的信用にもなる「ランティエ」(金利や年金で生活する者)の道を選ぶのだが、この官職購入も王政依存の一つである。この商人の企業活動からの逸脱が、イギリスとくらべて産業革命がフランスでおくれた理由の一つでもある。

「絶対主義」の成立にいたる近世フランス王政の政治危機の背景には、このような社会層の変化があった。

## 宗教戦争

「聖書に帰れ」との宗教改革気運がフランスではじまるのは一五一〇年代であり、四〇年代にはもっぱらカルヴァン主義の影響が強くなって、抑圧にもかかわらず、全国に普及した。プロテスタント（フランスでは「ユグノー」と呼ばれる）には都市手工業者をはじめ、あらゆる社会層がふくまれたが、五〇年代後半から王族をふくむ貴族が加わりはじめると、「家の子郎党」の中小貴族をかかえた大貴族間の宮廷顕職をめぐる争いが宗教対立と結合したため、改革運動は軍事化の様相を帯びはじめた。

王の周辺には、一方にはイタリア戦争の英雄ギーズ公フランソワ（一五一九―六三）などを頭にして異端撲滅に燃えるカトリック派、他方には王族ブルボン家のナヴァール王アントワーヌ（一五一八―六二）などを頭とするプロテスタント派が対立する。そしてシャルル九世（在位一五六〇―七四）が幼少のため摂政となった母后カトリーヌ・ドゥ・メディシス（一五一九―八九）が、この両派のバランスの上に立とうとした。

もともとフランスはカトリックの王を中心とする国であり、少数派のプロテスタントは信仰の保障を求めるだけの守勢の立場にあった。だが、カトリーヌの融和的態度に業を煮やしたギーズ公フランソワが、一五六二年三月一日、シャンパーニュのヴァシーで日曜礼拝に集まっていたプロテスタント信徒を虐殺したことから、武力衝突がはじまった。「宗教戦争」と呼ばれるこの内乱は、少数派ながらプロテスタント派が頑強に抵抗し、ギーズ家の専横を警戒する王側の態度も一貫しないため、約三五年も続いた。フランス革命につぐフランス史上の大内乱である。

事態を急激に悪化させたのは、有名な「サン－バルテルミの虐殺」である。カトリーヌの末娘(シャルル九世の妹)マルグリートとナヴァール王アンリ(アントワーヌの息子)の婚儀のためパリに集まっていた多くのプロテスタント貴族を、自分の権勢の回復と内乱の終結とを狙ったカトリーヌがギーズ公アンリ(一五五〇－八八)と共謀して、サン－バルテルミの祝日の一五七二年八月二四日、前夜から払暁《ふつぎょう》にかけて大量虐殺したのだ。ギーズ公に扇動されたパリ民兵組織も虐殺に加わり、約三千名が殺害された。虐殺は地方都市にも波及し、一万をこえる犠牲者が出た。

「サン－バルテルミの虐殺」のあと、ギーズ公アンリは「カトリック同盟」を結成して組織を固め、プロテスタント派もまたパリを脱出したナヴァール王アンリを新指導者として結束し、前者は主に東部、後者は主に西南部を基盤にして対峙した。同時に、ギーズ公の強硬路線についていけないカトリック穏和派（「ポリティーク」と呼ばれる）が生まれた。

宗教戦争の最終局面は、展開が目まぐるしい。王位への野心を抱くギーズ公アンリがスペイン王フェリペ二世の支援をうけて強力な第二次「カトリック同盟」を結成、一五八八年五月には同盟の中核であったパリ市民の反乱と結んでギーズ公がパリを支配する。だが同年末、ギーズ公はパリから逃亡したアンリ三世（在位一五七四―八九）にブロワ城にまねきよせられて暗殺される。その翌年にはアンリ三世もまた刺客の凶刃に倒れ、ナヴァール王アンリを継承者として認めて息を引きとる。ブルボン朝の第一代王アンリ四世（在位一五八九―一六一〇）となったナヴァール王アンリは戦闘を続けるが、パリのカトリック同盟内のスペイン勢力、貴族、それにパリの自治制を主張する民衆組織との内部対立の機会をとらえて、一五九三年七月にカトリックに改宗し、翌年二月にパリに平和的に入城した。彼は国内のカトリック貴族をつぎつぎに帰順させ、九八年四月に長い交渉をふまえて「ナントの王令」に署名し、宗教戦争に一応の終止符を打った。「いわゆる改革宗教の人びと」は、その場所を制限されたとはいえ、信仰と礼拝の自由を認められた。

意表をついた行動で内乱を収拾したアンリ四世は、その行動力、洞察力、人柄の点で、歴代の王のなかではいまでもフランス国民に最も人気がある。しかし、フランスの再建という難事業に着手した矢先の一六一〇年五月一四日、ひとりの狂信的カトリックの手でパリの路上で暗殺された。

## リシュリュー、マザラン、フロンドの乱

アンリ四世の突然の死後、ふたたび混迷におちいった新王ルイ一三世(在位一六一〇―四三)の治世を補佐したのが、リシュリュー(一五八五―一六四二)である。中流地方貴族の出で、宮廷陰謀をくぐり抜けて「シェフ・ドゥ・コンセイユ」(国務会議長、宰相)の肩書きを得た彼の政治理念は、一言でいえば「強い王権」に尽きる。西部・南部に軍事拠点を維持するプロテスタント貴族にたいして、その中心のラロシェルを軍事的に征圧する強圧政治をしいたが、信仰を保障した点ではアンリ四世の方針を踏襲した。また対外政策で、ハプスブルク家オーストリアに対抗するためオランダなどプロテスタント国と同盟する点でも、アンリ四世を継続した。

三〇年戦争のさなかにリシュリュー、ついでルイ一三世が世を去ると、新王ルイ一四世(在位一六四三―親政六一―一七一五)はまだ四歳なので、王母アンヌ・ドートリッシュ(一六〇一―一六六六)が摂政となる。教皇庁駐仏大使のイタリア人マザラン枢機卿(一六〇二―六一)がリシュリューを継いで宰相となるが、王権の弱体化につけ込んで、「フロンドの乱」がおこった。「フロンド」とは「投石遊び」のことで、当時この内乱を揶揄した表現である。その直接の原因は、三〇年戦争時の財政難のため、政府が新税を課したり売官制の方式を変更したことにある。そこには、政治的発言力の後退にいらだつ伝統的な貴族、権益を侵害されることに反発

する官職保有者、経済的困窮を不満とする都市民衆の三つの運動が複合しており、三つの局面からなる。

第一局面は、一六四八年にパリ高等法院や他の最高法院が官職保有者の権限を擁護して反抗した「高等法院のフロンド」ではじまる。マザランがコンデ親王にパリを攻囲させると、高等法院は大貴族の野心や民衆運動の激化をおそれて、翌年三月にあっけなく和約した。第二局面は、武勲におごるコンデ親王などを摂政アンヌが投獄した一六五〇年からの「親王のフロンド」である。親王派の貴族が地方で反乱するが、コンデ親王が釈放されると分裂した。ここから第三局面の「コンデのフロンド」に入るが、根拠地ボルドーにもどったコンデ親王は、南西部の貴族やスペイン軍の支援を得てマザラン打倒のためパリに進撃し、五二年七月にパリに入城する。だが高等法院と富裕市民は協力せず、コンデは一〇月にスペイン領ネーデルラントに逃げ、翌年七月にコンデ親王派の拠点のボルドーも降伏した。

フロンドの乱では、パリの住民組織がフロンド側を支持して、そのため王家がしばしばパリを脱出することがあった。だが、大貴族、高等法院、パリ民衆の反王権勢力が連携することなく、たがいに牽制しあい、結果的に王権に決定的な打撃を与えることができなかった。このあと、マザランは三〇年戦争の後始末であるスペインとの和約(ピレネー条約)、コンデ親王の恩赦、ルイ一四世とスペイン王女マリ－テレーズとの結婚を成立させて、一六六一年に世を去った。

マザランの死とともに、ルイ一四世は親政をはじめ、それが半世紀続く。

ルイ一四世の統治の特徴は、社会集団の伝統的権利を否定・制限したことにある。

**ルイ一四世の体制**

中央政治では「宰相」制を廃止して王自身が直接に政治に関与し決定した。初代の重臣の死後は、ほとんどの要職を独占するルテリエ家とコルベール家の凡庸な門閥をたがいに競わせてあやつり、その個人政治色を強めた。また、全国三部会は一六一四年に開催されたのを最後に、王の統治中に一度も開かれていない。

地方政治では、売官制で生まれた官職保有者を監督するために、一七世紀から政府に任命される任期制の本来の役人(直轄官僚)である「地方監察官」の派遣がはじまった。フロンド期に一時消滅しかけたのち、一六八〇年頃には財務総監コルベール(一六一九—八三)の管轄下に全国的に配置される地方長官(アンタンダン)として制度化され、地方行政についての中央統制が強化された。またコルベールは、オランダやイギリスに対抗するため、立ちおくれたフランス経済を徹底した重商主義の規制システムによって再編成した。政治、経済における国家による統制強化は、宗教面でも出ている。一六八五年にはナントの王令を廃止してプロテスタントを迫害するほか、カトリック教会の改革を説くジャンセニスムもまた迫害をうけた。

**ヴェルサイユ宮**

ルイ一四世の統治の象徴的機構が、ヴェルサイユ宮殿である。ルイ一四世には、当時、セーヌ右岸のルーヴル宮や郊外のフォンテヌブロー宮など、パリに宮殿がなかったわけではない。だが、はじめは宮廷の祝宴用のため、パリ西南郊ヴェルサイユにある先王の狩猟場の休憩所を改造したのが、約四〇年間にわたる工事のすえにヨーロッパ最大の宮殿に仕上げられ、さらに一六八二年に王がそこに定住するようになってからは、それまでの王宮の観念が変わった。王宮は単に王の居所、中央政府の執務室ではなく、王の権威を内外に誇示する一大装置となった。王の起床から就寝まで、接見・宴会から着替えにいたるまで一日の王の日課がすべて厳密な儀礼をともなって運営され、数千人の貴族がそれぞれ序列によってそれに参加した。二、三百人の朝の引見、五〇人の就寝前の引見にあずかれるかどうかは、貴族にとって大問題だった。何故ならば、ヴェルサイユ宮は王を中心にして動く太陽系であり、王との距離がすべての規準となった。フロンドの乱で武器をとり王権に戦いをいどんだ血気盛んな貴族たちは、いまや一族郎党を捨ててヴェルサイユに居をかまえ、毎日伺候して王の機嫌をうかがい、王が気前よくばらまいてくれる恩恵にあずかった。こうしてヴェルサイユ宮は、貴族の牙を抜いて馴化させる「黄金の檻《おり》」となり、また、それ以上に重要なのは、国家そのものが、王宮の私室のなかに密閉され、硬直化したことだった。

## 3　フランス絶対王政の構造

中間団体

ルイ一四世時代のフランス国家は「絶対王政」の典型とみなされている。「絶対主義」については、明治国家の比較史的な解明を最主要課題とした日本の戦後歴史学が盛んに議論したが、いつしか議論は下火となり、明確な総括もされないままになっている。そこで、いまの時点でどう考えられるか、いくつかの重要点を整理してみたい。

私は前に、ヨーロッパの近世国家が端緒的な国民国家だと述べたが、それは、当時の国家が中世国家と異なり、領域内の住民をつかむ（たとえば課税）という意味である。だが、直接的ではない。コミュニケーションの不備、地方割拠主義の強さ、それに見合う中央集権官僚の不足などのため、国家と住民の間に「中間団体」を介在させることによって、はじめて統一国家をつくることができた。これがヨーロッパ近世国家の特徴である。

中間団体とは、フランスの場合でいえば、中世以来の聖職者、貴族、平民の三身分のほか、毛織物商人、肉屋など都市ギルドのような職能団体、都市全体あるいは州全体のように地縁的単位などがある。官職保有者も職能団体をなし、農村共同体は職能と地縁の両面をもっている。

このように、中間団体のもとになるのは、多くの場合、何らかの既存の自生的な社会的結合関係であり、支配の拡大を狙う王政は、これらの社会的結合にある程度の権利(特権)を与えてその自立性を認め、そのかわり課税その他の要請にこたえさせる形をとった。たとえば、聖職者は、聖職者会議という全国的身分会議を定期的に開く権利を保障されたかわり、王政に「上納金」を納めた。ブルターニュなど比較的おそく併合された辺境の州は、課税額を自主的に決められる地方三部会を開く権利を保障された。最も社会の底辺にあるとされる農民でも、住民集会を開き、村長を選び、課税額を配分する「権利」を与えられていた。このように王から認可され、権利を与えられる団体を、近年の歴史学は「社団」と呼ぶ。自生的な社会的関係と社団の違いは、自生的関係は流動的で、社会変化によって絶えず緊張関係が内部に生まれ、そのため、社会的安定にとっては撹乱要因になるが、第二次的社会関係の社団は、社会を固定させるための編成原理なのである。

したがって、フランス革命前の社会は貴族などの「特権階級」が無特権の平民を支配していたとよくいわれるが、現実にはすべての正規の住民は何らかの「権利」を与えられていた。それから除外されているのは、ユダヤ人、異端者、宿なし浮浪者であり、これが近世国家が考える社会にとっての「よそ者」だった。なお、女性は微妙な存在だった。それは社会の日常生活のなかでは明らかに「よそ者」ではなく、上は宮廷から下は都市の下層社会にいたるまで相当の影響力をもっている。しかし、少なくとも国家の目からみれば、公的資格のない存在だった。

自生的な社会関係と編成原理としての社団とを区別して考えることは重要であり、その例として売官制をみてみよう。

## 「貴族とブルジョワ」再論——売官制

中世末期以来、経済活動でブルジョワが上昇すると、彼らはその財産の一部を官職の購入にあてたことは前に述べたが、王権の側でも、役人の数が増加するにつれて財源に困り、一四八三年の財務官職の「売官制」を皮切りに、やがて行政、司法、軍務などほとんどすべての官職にこれを拡大した。

売官制は王政にとって、国庫の増収と役人の増加をもたらす点で、一石二鳥の効果があった。また、一六〇四年からは、官職は購入者にとって転売や相続することができる家産ともなった。この売買制の官職を「保有官職」(オフィス)といい、その役人を「官職保有者」(オフィシエ)という。官職の保有は直接の報酬のほかに、謝礼や賄賂をともない、さらに社会的な箔と信用をもたらした。そのため、官職購入は権威と利得を同時に手にしうる有利な投資であり、金のある平民、つまり商工業ブルジョワは競って官職を買った。その数は一五一五年には約五千人だったが、ルイ一四世の親政開始の一六六一年には約五万人弱に増加し、その後も増え続けた。

高等法院評定官のようないくつかの上級官職は、その保有者に貴族の資格を与えるため、幸運なブルジョワの家族は幾代もかかって官職をつぎつぎに買い換えてこの職にたどりつき、貴族に「成り上がる」ことができた。官職保有によって貴族に叙せられた「成り上がり貴族」を、中世以来の伝統的な戦士貴族(「帯剣貴族」)にたいして、「法服貴族」という。

こうして、アンシアン・レジームは二つの秩序原理に立脚している。一つは家門や血統を原理とする伝統的な身分秩序であり、そこでの価値体系の根幹は武勲に由来する「名誉」である。中世以来の帯剣貴族が、この階層制の頂点にいる。もう一つは才能を原理とする秩序であり、才能は国家のためにこそ役立てられるべきものとされるから、この価値体系の根幹は国家への「功績」である。この秩序原理に基づいて近世のブルジョワは法服貴族にまで成り上がる。そして、この二つの階層の諸階梯はそれぞれ「社団」として編成され、どちらの階梯も「社団」の編成者である王権の手中で合体している。王権が名誉と功績の二つの価値体系の調整者なのである。

こうして売官制は新興ブルジョワ層を王政に結びつけ、社会変革の要因を支配秩序に吸収する安全弁の作用を果たしたが、アンシアン・レジームでは、「名誉」のほうが「功績」よりも優位を占めていた。というのは、ブルジョワが法服貴族にまで成り上がるためには、その家族が数世代にわたって営々と努力しなければならなかったのだが、これは年月をかけて平民の「けがれを清める」ための待機期間と考えられた。また貴族が鉱山開発や海上商業などの特例をのぞく商工業に従事すると、貴族の資格を剝奪された。このように貴族身分とは、血統によってのみ優越性が伝達される非合理な、神秘的概念であった。こうして、フランス王権は貴族原理とブルジョワ原理の双方を、貴族原理の優越のもとに総合し、貴族とブルジョワの双方をたがいに牽制させることに成功した。

ちなみに、王政の財政機構そのものが、すべての上流階層を王政に結びつけていた。すなわち、王政の重要財源の間接税は御用金融業者(フィナンシエ)の徴税請負制に委ねられていたのだが、この巨大な利益を生む金融業者の資金は、貴族、ブルジョワ、聖職者の投資によっていた。

### 王政の理論

一六世紀以来、フランスでは多くの国家論が生まれた。その理由は、近世国家が中世的な団体を国家の原理のなかに包摂しているため、王権にとって、この団体をこえて支配を正統化する理論が必要だからである。その原型は、ルイ一二世に仕えた司教クロード・ドゥ・セーセルの『フランス王政論』(一五一九)だとされている。彼は国家の政治形態として、古来みられる王政、貴族政、民主政をあげ、王政を最良とする。なぜならば、貴族政は寡頭制、民主政は政治的混乱の危険をもつのにたいして、王政が最も安定性をもつからである。しかし、この王政は暴政を禁ずる「宗教」と、人民の権利の侵害を掣肘する「正義」と、男子相続など統治の基本となる「根本準則」の三つによって制限をうけなければならない。このように、貴族・臣下にたいする王権の絶対性を時代的要請として認めながらも、同時にそれに超越する宗教ないし法の存在を認めるのが、政治理論の基調となった。

このため一六世紀後半の宗教戦争の時期、王権の宗教圧迫に抵抗するプロテスタントは、全国三部会が王権に優先するとするフランソワ・オットマンの『フランコ・ガリア』(一五七三)に抵抗の論理を見出し、ついでアンリ三世下に「カトリック同盟」が反王権にまわると、今度は彼らがこの抵抗権の理論を採用した。

ポリティーク派の理論的核となるジャン・ボダンの『国家論』(一五七六)が出たのが、このときである。ボダンが一六世紀最大の政治思想家とみなされる理由は、その「主権」理論にある。中世の観念では、王は家臣制の頂点にいる第一の主君であり、聖別によって宗教的性格を帯びている存在だったが、ボダンでは、王が王国における唯一の主権の表現者となる。主権とは不可分なものであり、立法権を本質とする王によって完全に表現される。したがって全国三部会は主権にはあずからず、立法に同意する権利を認められるにすぎない。王が臣下の意見を求めることはありうるが、それは王の義務ではなく、また意見に従う必要もない。その意味で、王権は「絶対」であるが、しかし、この場合ですら、王はその権力を臣下の物心の幸福のために行使しなくてはならず、その責任を神にたいして負うている。こうして王は臣下の「生得の自由」と「王国の基本法」を尊重しなければならず、王権は決して無制限ではない。

こうしてフランス近世の国家理論では、王権は「絶対」ではあるが「専制」ではない。この抽象性のため実際面では絶対と専制の区別は曖昧となり、王権と貴族との間で絶えず論争の的となった。リシュリューやルイ一四世の時期は「国家理性」や神権説を理論的隅石として「専制」に近づく「絶対王政」であり、フロンド期には、「王国基本法」を隅石とする「制限王政」が有力になった。全体としては前者が基調となったのが近世フランスであり、後者が勝利したのが近世イギリスである。このように、王権と中間団体が緊張をはらんで常に対峙し、後者の抵抗を正統化する理論的伝統が存在したことが、ヨーロッパ地域世界の近世国家の特色であった。

### 日本における中間団体

さて、以上述べたことがヨーロッパ地域世界の近世国家の基本構造だとすれば、同時代の日本の幕藩体制でも、国家と住民の間には、身分的、地域的、職能的な中間団体が介在している。その点では、幕藩体制は世界史的にみて近世国家であると考えてよい。しかし、重要な相違点がある。

その主な点だけをあげれば、ヨーロッパでは教会、都市、貴族身分などの大きな中間団体が王政国家の枠をこえて、地域世界全体にまたがる普遍的性格をもっているのにたいして、幕藩体制ではそれがない。最も重要な中間団体である藩にしても、幕府をこえる普遍主義の性格をもっていない。また、王権(幕府)と中間団体との権利関係では、日本では、中間団体が王権にたいして権利を主張する全国三部会のような身分制議会の機関が存在しない。このほかにも相違点は多数ある。こう考えれば、幕藩体制は近世東アジアにおける中間団体国家ではあるが、「絶対王政」という概念は、近世ヨーロッパに固有の国家構造の概念と考えるほうがよいと思う。

# 第5講
# 啓蒙の世紀

ラ・トゥール画「ポンパドゥール夫人」

| | |
|---|---|
| 1715 | オルレアン公，摂政となる（～23） |
| 1720 | ジョン・ロー失脚 |
| 1740 | オーストリア継承戦争 |
| 1748 | エクス－ラ－シャペル条約（オーストリア継承戦争終結） |
| 1749 | マショー，「20 分の 1 税」設定 |
| 1756 | フランス・オーストリア同盟／7 年戦争 |
| 1763 | パリ条約（7 年戦争終わる） |
| 1766 | ロレーヌ，フランスに併合 |
| 1768 | コルシカ，フランスに併合 |
| 1770 | 王太子ルイ，マリ－アントワネットと結婚 |
| 1771 | モプーの司法改革 |
| 1772 | 第 1 次ポーランド分割 |
| 1774 | ルイ 16 世即位 |
| 1775 | アメリカ独立戦争開始 |
| 1776 | テュルゴ失脚／アメリカ独立宣言 |
| 1778 | イギリスへ宣戦 |
| 1783 | ヴェルサイユ条約，アメリカ独立承認／カロンヌ，財務総監就任 |
| 1787 | 名士会議，開催 |
| 1788 | ラモワニョンの司法改革．その撤回／グルノーブルで騒擾，近郊ヴィジーユで非合法の州三部会，開催／国王，全国三部会召集を予告 |

ルイ一四世の死後、一八世紀前半のフランスの政治は比較的平穏にすぎた。だが後半に入ると、王権の抑圧にたいする反抗がしだいに大胆になってくる。そして、その先に世紀末のフランス革命がひかえているため、一八世紀後半は、もっぱらフランス革命へ必然的に導くその前史として解釈されがちである。

## 再編成の時代

しかし、一八世紀は、フランスに限らず、ヨーロッパ地域世界全体の再編成の時代である。大西洋経済の確立にともなう経済的繁栄と、海外覇権をめぐるイギリス・フランスの抗争、新興国ロシア・プロイセンの台頭による国際政治の変化などが、一六世紀に生まれたヨーロッパ国家間システムの再編とそれぞれの国家の構造転換をうながした。一六世紀を近代世界体制の第一期のはじまりとすれば、いまや世界体制は第二期への移行期に入った。それは「啓蒙」と呼ばれる時代であり、諸国家にとって、国家と社会の再編成が共通の課題となる。それが、いかなる規模と震度をもつかはまったく未知である。フランス革命はその過程のなかから生じた一つのケースなのである。

## 1 構造転換の動き

**バロックからロココへ**

表面的には絢爛《けんらん》たるルイ一四世の治世には暗い裏面があり、とくにその後期には政治的混乱、経済的窮乏、思想的抑圧が目立ってきた。時代を暗くした大きな原因の一つは、治世全体をおおう戦争の連続にある。大陸最強の陸軍力を誇ったルイ一四世は、四つの征服戦争(ネーデルラント継承戦争一六六七―六八、オランダ戦争一六七二―七八、ファルツ戦争一六八八―九七、スペイン継承戦争一七〇一―一四)をおこなったが、フランス・スペイン両国の統一とスペイン領ネーデルラントの獲得という野望を達成できなかった。その結果、一八世紀はじめの国際関係はフランス・オーストリア・イギリスの三強国の鼎立《ていりつ》となった。イギリスが一七世紀から海洋国家となるのにたいして、ハプスブルク家との宿命的な死闘を続けるフランスは、海洋国家と同時に大陸国家という二重の性格から脱却できず、これが国庫財政を恒常的に圧迫した。

そのため、一七一五年にルイ一四世が七六歳で息を引きとり、わずか五歳の曾孫アンジュー公がルイ一五世(在位一七一五―七四)として即位し、甥のオルレアン公フィリップ(一六七四―一七二三)が摂政となると、あらゆる分野でルイ太陽王時代の威圧的な雰囲気にたいする反動がおこる。伯父と性格が正反対の放縦なオルレアン公は、規則ずくめの統治スタイルに反発して宮廷をパリのルーヴル宮にもどしたため、都会風の洗練と軽快さが上流社会を支配しはじめた。宮廷はまもなくヴェルサイユにもどったが、豪華絢爛のバロック様式にかわって、くつろいだ快適さと機知に富む会話を楽しむロココ趣味が摂政期以後の一八世紀上流社会の独特の色調となった。

摂政時代の統治の変化の一つは、王の専決権が強い「最高国務会議」方式にかわる中央政治の「多元会議制」(ポリシノディ)である。王位への野心をもつオルレアン公が貴族たちの歓心を買うため、貴族の発言権を強めたのだが、その貴族が王権の障害になりはじめると、ルイ一四世方式へもどそうとした。しかし、いったん変わった政治の雰囲気は元へはもどらなかった。

この時期、「ローのシステム」の名で知られる経済政策が有名である。スコットランド人のジョン・ローは独自の金融理論をもつ国際人で、有能な財政家とも投機的な詐欺師とも噂されていたが、ルイ一四世の戦費が残した財政破綻の解決のため、オルレアン公はローを起用した。まず一七一六年にパリで私立銀行の設立と銀行券の発行を許可する一方、ルイジアナ開発の独占権をもつ特権会社の設立を許可し、タバコ製造、貨幣鋳造などの特権をも与えた。この金融政策と植民地開発政策とを連携させたものが、「ローのシステム」と呼ばれるものであり、ローは財務総監に就任した。人びとは四〇パーセントの配当を約束する特権会社の株券を入手しようと目の色を変え、五〇〇リーヴルの株は一万八〇〇〇リーヴルにまで高騰した。だが、バブルがはじけて金融市場は大混乱になり、一七二〇年ローは職を解かれ、ブリュッセルに逃亡した。

「システム」は保守的なコルベール主義の経済政策を転換させた点で、ルイ一四世時代への反逆の一つだったが、その破綻により、紙幣にたいする根強い不信を市民の間に残して、ふたたび保守的な財政や経済政策が復活した。しかし、「システム」のバブル景気は、一時的にせよフランス経済に刺激を与え、三〇年代からはじまる経済発展の一要因となった。

ロー失脚の少しあと、オルレアン公の死によってルイ一五世の親政がはじまるが、その治世はすこぶる評判が悪かった。彼は無気力でやる気がなく、愛妾ポンパドゥール夫人の影響下にあった。それでも、フランスが何とか国際的な体面を保ったのは、ルイ一四世期の方針を転換してイギリスとの協調外交をはかったからであった。イギリスもまたステュアート朝からハノーファー朝に移行したばかりで積極的な大陸外交を展開する余裕がなかった。フランスがフルリー枢機卿、イギリスがウォルポール首相の時代で、国際関係は比較的穏やかだった。

## 「外交革命」と七年戦争

しかし一八世紀中葉から、一九世紀はじめのウィーン会議まで続く国際関係の大地殻変動がはじまる。長い間ヨーロッパ国際政治の外部にいたロシアが、一七世紀末にピョートル大帝(在位一六八二―一七二五)が「西洋化」に着手していらい攻撃的な拡張政策をとりはじめており、これと並行して、ドイツでもプロイセンのフリードリヒ二世（在位一七四〇―八六）が王位につくと、中欧の強国をめざしてオーストリアの女帝マリア＝テレジア（在位一七四〇―八〇）に挑戦し、オーストリア継承戦争（一七四〇―四八）をおこした。このため、長年の宿敵同士のオーストリアとフランスが接近して一七五六年に同盟を結んだ（「外交革命」）。そうなると、イギリスがプロイセンと結ぶという事態になった。

この対立が七年戦争（一七五六―六三）の構図である。フランスとロシアはオーストリアを支援したが、プロイセンはオーストリア領のシュレジエン領有を確保した。しかし七年戦争はオーストリア以上に、フランスに大打撃を与えた。陸海両面の戦闘を強いられたフランスは、海外植民地でイギリス軍に完敗し、一七六三年のパリ条約でカナダ、ミシシッピ川以東のルイジアナ、西インド諸島一部の植民地をイギリスに、ミシシッピ川以西のルイジアナをスペインに譲った。インドでも影響力をほとんど失った。

**危機意識**

七年戦争後も、フランスは依然として学問・芸術ではヨーロッパで中心の地位を保っていた。しかし、経済力や軍事力では後退が目立った。一七七〇年にはマリア＝テレジアの末娘マリ＝アントワネットとフランス王太子（のちのルイ一六世）との結婚が実現して、オーストリアとの友好関係は一応続いていた。だが、オーストリアは一七七二年にロシア・プロイセンと結んでフランスの友好国ポーランドの分割（第一次）をおこない、さらにバルカンに進出するため、機会あるごとにロシアと結んでトルコを圧迫した。ロシアはまたスウェーデンと戦って、これを敗った。トルコもスウェーデンもフランスの友好国である。

こうしてフランスの国際的地位の低下は、誰の眼にも明らかとなった。国内には、しだいに危機意識が強まってくる。それにもかかわらずフランス政府が手をこまねいていたのは、ひとえに財政難による軍事費の不足のためであった。フランス革命の直接的な原因が財政難をめぐる政治危機にあったことは、よく知られているが、財政問題の背後には、このような深刻な事情があったのである。

## 2 改革の試み

### 近代世界の第二期への転換

ここで、第3講で述べた封建王政の理想的イメージを想起してほしい。王領地収入だけで暮らしヴァンセンヌ城の樫の木の下で公正な裁きをする聖王ルイ。この中世的観念が過去のものとなったことはすでに述べたが、アンシアン・レジームは、多くの点でまだこの観念と妥協している。貴族と聖職者が免税特権をもつことは、その例の一つだ。この体制のまま一八世紀のきびしい国際情勢に対応することは、もはや不可能であった。

ヨーロッパ地域世界全体にとって一八世紀は、国際情勢だけでなく、全般的な社会環境が変化した時代である。最も具体的な指標としては人口の増加があるが、それが出生率の向上のためでなく死亡率の低下によるのだから、それから生活水準の向上がうかがわれる。事実、一七世紀に全般的に不況だったヨーロッパ経済は一七三〇年頃から好況期に入り、これが、さまざまな分野に作用する。

まずヨーロッパ内の大西洋沿岸部と内陸部・地中海沿岸部との経済発展の地域差が強まる。最もその恩恵をうけたのはイギリスであり、農業技術の改良や工業の機械化が開始する。生活水準の向上による購買力の拡大が、大量生産という新しい経済観念を刺激し、「産業革命」の時代の到来を予告する。フランスはイギリスよりおくれてはいるが、イギリスについで「プロト工業化」と呼ばれる農村工業の資本主義的発展が顕著となる。この経済発展にとって植民地市場の果たす役割は大きく、これが七年戦争につながる英仏の植民地争奪競争を引きおこした。中東欧諸国の台頭も、この西欧の発展に刺激されたものである。

この一八世紀後半の環境の変化は、一言でいえば大西洋経済の発展であり、さらにいえば、ヨーロッパ地域世界と他世界との関係の変化、すなわち一六世紀にはじまった近代世界体制が第二期への移行をはじめたと、私は考える。

では、この変化が、フランスの政治社会にどのように作用しているのだろうか。この問題はフランス革命原因論に直接触れてくる問題であり、現在も研究者の間で論議が進行中である。論点をわかりやすくするため、あらかじめ、周知の素朴なフランス革命原因論をあえて図式的に述べておくと、こうなる。大西洋経済の発展のためブルジョワの経済力が強まって、特権身分の貴族との階級対立が激化すると、貴族は抵抗し、王権もこれに荷担して革命が開始した、となる。現在の議論は社会史的アプローチによってこの図式を再検討しており、ここでは階級対立、公共圏、民衆文化の三点について検討したい。

### 二つの秩序原理

まず階級対立についていえば、前述のように、ブルジョワは官職の購入を通じて貴族の資格を得ることを望み、一八世紀になってもこの上昇経路は閉ざされていない。つまり、貴族とブルジョワはア・プリオリに排除しあう敵対階級ではないのである。

一方で貴族がその特権によって生活と威信を保障され、他方で平民の社会的上昇がスムースに機能していれば、この階層秩序は、問題はない。旧い秩序原理のなかに、王権が新しい社会的動きを吸収できるからである。また、一八世紀には、経済発展のためブルジョワの富裕化・貴族叙任が盛んになり、また貴族のなかに経営投資などの気風が浸透しはじめた。このため両者の社会的混交がすすんで旧エリートから新エリートへの移行がはじまっているが、それが体制の崩壊を招くとは限らない。現に、同時代のイギリスは、貴族的な秩序原理を保ちながら、ゆっくりと平和裡に社会的移行を達成した。

では、どこに矛盾が生ずるのだろうか。それは既存の秩序観念への信頼性が動揺することにある、といえる。貴族についていえば、ヴェルサイユの宮廷社会に寄生する大貴族や貿易や鉱山業に投資する企業心盛んなパリの大貴族と、草深い田舎に引きこもって質素な暮らしを強いられ、不満のなかで気位ばかり高い地方小貴族との格差が深まり、もはや貴族身分の一体性はない。平民についていえば、貴族に叙せられる道は閉ざされてはいないが、一八世紀後半の経済繁栄によって豊かなブルジョワが大量に出現してくると、伝統的な上昇の梯子《はしご》は下が広く上が狭いピラミッド型にならざるをえない。この梯子の頂点では、首尾よく貴族化に成功した平民(ブルジョワ)と経済活動への投資によってブルジョワ化した貴族との間に、結婚や社交を通じて「新しいエリート」階層が形成されはじめる。他方では、社会的上昇のテンポがおそくなり、閉塞状況のなかでフラストレーションをおこす「ストレス・ゾーン」が底辺に堆積してくる。ただし、これは危険な可燃物だが、それ自体では爆発はしない。

### 「公論」の誕生

一八世紀後半の経済発展の結果、都市化がすすみ、都会的な生活スタイルが普及しはじめた。当時の遺産目録の研究によれば、衣服の所持が質量ともに向上し、それまでの質朴な経済観念にかわって、消費経済の軽微な兆しさえみることができる。植民地物産のコーヒー・紅茶を飲む習慣もはじまり、コーヒーハウスが生まれた。印刷術の普及によって新聞の発刊も盛んになり、コーヒーハウスが新聞を読み世間の問題について議論をかわす社交場となった。

それらは多かれ少なかれ国家の機構からは自立した民間の社会的結合関係であり、前に述べた宮廷などの公的な社会的結合関係とは異なった性格をもっている。そして、この結合関係を一種の公共圏とみなし、ここでの議論をさして「公共意見」、つまり「公論」と呼ぶようになった。そこで、もしこの公共圏の構成員が新興ブルジョワジーだとすれば、フランス革命の説明はきわめて簡単となる。ブルジョワが反「社団」的な公共圏を形成しはじめ、市民社会を志向した、となるからである。しかし、これらの社会的結合の場には、大貴族、金融業者、高名な文筆家などが集まる上流サロンから、弁護士、手工業親方、小商店主の小さな読書サークルまで、さまざまな社会的レベルがあり、その性格も一様ではない。

アメリカの歴史家キース・ベイカーによれば、一八世紀中葉まで「意見」(オピニオン)という用語は、フランスでは非理性的で浮動的な雑音を意味した。だが世紀中葉になると、理性に基づく公正な判断という意味をもち、以後、「公共意見」という言葉は、政治的主張に正統性を付与する根拠となった。しかし、ベイカーによれば、「公共意見」や「公論」とは実体ではない。つまり、貴族あるいはブルジョワ層の理念や利害と一致する公共圏が形成され、その階級的世論が生まれた、ということではない。それは、もはや絶対主義的な政治秩序の用語や伝統的制度の回路では主張の正統性が保証できなくなったため、それにかわるものとして「発明」された概念であり、既存の権力を超越する「理性的な審判者」という抽象的概念であった。そのため対立しあう政治陣営がこの観念に訴えて、自己の正統性を主張する。言いかえると、社団を編成原理とする国家秩序が有効性を失って「異議申し立て」にさらされ、それにかわる新しい公共圏が、伝統的政治空間の外部に生まれはじめた、ということである。

ベイカーのこのような解釈は当たっていると思う。新しい政治空間が、上は貴族から下は民衆との隣接領域まで、幅広いレベルにまたがる曖昧な場で形成されるのであり、これがどのように現実化するかは、諸条件の複合状況によるのである。

### 民衆文化とエリート文化

ところで、この時代の特色とされる「啓蒙」(フランス語ではリュミエール(光明))とは、賢者が蒙昧《もうまい》の徒を理性の光で教化することを意味しており、蒙昧の徒にはもちろん「民衆」がふくまれている。「民衆」とはエリートに対立する曖昧な概念だが、この時代でいえば、農民をはじめ都市の手工業者、小売商人、家事使用人、種々の雑役夫など社会的、経済的に下層の雑多な階層をふくみ、全住民の八、九割を占めると考えてよい。では、何故に、とくにこの時代が「啓蒙」時代といわれるのか。

そこでエリートと民衆との関係を大雑把にいうと、都市、村落が生まれた中世中期に、民衆の生活の場となる共同体も生まれ、ここに「民衆」の世界が成立した。領主、教会としては、農村、都市の秩序のため民衆を統合することが必要であり、その生活慣習を規律化するためのキリスト教化がすすめられた。こうして「邪教」、「迷信」の取り締まりがはじまるが、そもそもエリート層の統合機構が不十分なため、社会の秩序維持のためには民衆の共同体的な自己管理に頼らざるをえない部分も多い。そのため外部からの規律化も不徹底のままであり、キリスト教の普及それ自体が民衆慣習との妥協のもとにすすめられた。またエリート層も呪術的宗教意識や農民的行事など民衆文化をかなりの程度共有していた。

この関係が近世になると変わりはじめる。たとえば、一六世紀末から一七世紀前半にかけて魔女裁判が各地で急増するが、もともと「魔女」とは呪術に長《た》けた女性で、悩みの助言者や医療者として古くから農村社会の一員として機能していた。つまり魔術は民衆文化の一部として存在していたのだが、宗教改革以後の信仰統制のため、魔術は悪魔と交わる罪悪とされた。また同時に、貧民にたいする態度も変わった。それまで貧困は罪ではなく救済の対象だったが、いまや怠惰や不信心に由来する罪とみなされ、貧民は国家によって危険視されて収監された。

要するに、この変化は集権的な近代国家の出現、宗教改革による信仰浄化の企図と照応しており、エリート文化と民衆文化の間に溝が生まれた。正統なキリスト教と古典文化が、エリート文化の基軸である。そして前述のブルジョワの上昇を文化的にみると、文化的母胎である民衆文化から離脱して、エリート文化に参入することであった。一例だけあげると、一八世紀のパリのブルジョワは、それまで参加していた民衆的祭りの代表であるカーニヴァルを野卑で無秩序とみなして、距離をおきはじめる。少し先になるが、一九世紀にカーニヴァルが蘇生したとき、それは現代につながる商業主義と結びついて変質している。

一八世紀にエリート文化の中身に合理的科学への信頼が加わると、文化の溝は本格的となった。そもそも魔女裁判とは、エリート層が魔術の存在を信ずるから成立するのであり、一八世紀になって魔女裁判が急減したのは、エリート層の間に合理主義が生まれて、もはや魔術を認めないからであった。これは文化の分離であり、民衆は抑圧すべき危険な存在から、教化すべき愚昧《ぐまい》な存在になった。その理由は国家の凝集性を強めるため民衆をより統合する必要が生じたからであり、これが「啓蒙」の時代だった。したがって国家による民衆の世界への介入が強まり、エリート文化と民衆文化の緊張関係が高まる。ただし、この緊張関係が本格化するのは、一九世紀である。

## 3　政治危機にむかって

**王政改革の開始**

話を元にもどすと、一八世紀中頃のフランスでは、財政再建の必要性については、国内にほとんどコンセンサスに近いものが生まれていた。そして、国王政府がそのイニシアティヴをとったのだが、その「改革」の挫折が「革命」を引き出したのである。

政府にとって財政再建のオーソドックスな方向は、それまで課税を免除されている聖職者、貴族への課税である。この免除は、ほんらい王政の財政は王領地収入と間接税でまかなわれるべきものだという中世的観念に基づくもので、貴族などへの課税は国政上の大転換を意味していた。そこで、一七四九年に財務総監マショーがはじめて身分の別なく課税される「二〇分の一税」をおそるおそる設定したときも、臨時税としてであり、高等法院はしぶしぶ王令を認めた。

しかし六〇年代に入ると、ベルタン財務総監のもとで、耕地囲い込み、共同地分割、農村織物工業の制限緩和などの自由主義的経済改革が着手された。これは各地の農業協会などを形成する重農主義的な開明官僚によっておこなわれたもので、コルベール主義に基づく経済規制体系を転換させる狙いをもっていた。これはいくらかの変化をもたらしたが、高等法院の抵抗のため不徹底に終わった。

中世に設置された高等法院は、一八世紀末には、パリをはじめとする全国の主要な一二都市にあった。それぞれが管区をもつ最高裁判所であるが、そのほかに登録権という重要な機能をもっている。その管区に関する王令は、高等法院で審議され登録されないと効力をもたないのである。高等法院が意見があるときは、建白書を王に提出する権利があるが、それでも王が親臨会議を開いて登録を強制すれば、従わなければならなかった。

ところが、ルイ一四世によって政治的役割を有名無実にされていた高等法院は、この時期の政府の財政難の弱味につけ込んで、ことあるごとに王権に抵抗し、しだいに大胆な態度をとった。一七七〇年、建白書を聴き入れられなかったパリ高等法院はストライキに入ったため、翌年、大法官モプーは多数の高等法院評定官を追放処分にすると同時に、司法改革を断行した。高等法院を廃止ないし改組して司法職の売官制を廃止し、有給で解任可能の裁判官にかえたのである。こうして財政改革は司法改革にまで発展したが、一七七四年にルイ一五世が没してルイ一六世(在位一七七四―九二)が即位すると、この改革は撤回された。

**「啓蒙専制主義」の挫折**

この段階で、フランス王政は「啓蒙専制主義」に傾斜している。この概念は、ふつうオーストリア、プロイセン、ロシアといった後進的国家の近代化に適用されるが、国際的地位の低下をめぐる危機意識のなかで急速な国家の構造改革をはかったフランスもまた、この一種とみなすことができる。ただフランスが中・東欧諸国と異なるのは、第一に、王政の中央集権にたいして高等法院、地方三部会などの中間団体が抵抗の伝統をもち、また拮抗しうるほどの強い力をもつこと、第二に、社会層の流動化と印刷物の普及のため、新しい公共圏が生まれていることにあった。そのため王政の改革の成否は、「公論」の動向にかかっている。王権側の開明官僚は課税の不平等や経済規制の弊害をあげて社団を非難し、高等法院は「王国基本法」の名のもとに、王政による中間団体の権利侵害をあげて「専制」を攻撃し、双方が自己の啓蒙性を世論に訴えたのである。

モプーの司法改革は新裁判所の法官の調達もすすみ、徐々に成果もあらわれはじめて、高等法院を動揺させている。したがって、改革の挫折は必然的だったとはいえない。しかし、王政の改革は、体制の根幹をなす社団特権や領主制などの廃止を視野に入れており、そのためには強力な政治的リーダーシップが必要だった。だが、推進力となる開明官僚が政府・宮廷内で少数派であるうえ、肝心の王が優柔不断であった。アンシアン・レジームの原理を否定せずに中央集権の強化をはかることは、「専制」に傾くおそれがあり、そのため開明官僚のなかにも、この見地から中間団体の廃止に反対する慎重論もあった。モプーの司法改革は啓蒙専制主義が成功する最後の機会ではあったが、改革断行の結束に欠けていた。

ルイ一六世を補佐したモールパ伯はモプーを罷免し、生粋の開明官僚テュルゴ(一七二七―八一)を財務総監に起用する。しかし、自由主義的改革を強行したテュルゴが宮廷内で孤立すると、七六年、王は彼を罷免した。それ以後、ますます大胆に抵抗する高等法院と政府の対立は知的エリートや一般住民までをも「政治化」させるが、高等法院の運動は一七八七年から、一六一四年以来開かれていない全国三部会の開催要求にしぼられる。八八年五月、国璽尚書《こくじしょうしょ》ラモワニョンは高等法院の登録権を奪い司法権限を大幅に縮小する司法改革をふたたび強行したが、前回以上に各地の高等法院の激しい抵抗にあい、九月にまたもや撤回した。一方、極度の政治的混迷のなかで、追いつめられた政府は、全国三部会を八九年五月一日に召集することを予告する。これが革命の口火となった。

## 「大西洋革命」

このような政治危機はフランスだけではない。一九六〇年頃に、アメリカ史家パーマーとフランス史家ゴドゥショが「大西洋革命」の概念を提唱して話題になったことがある。それによると、一八世紀後半にヨーロッパ地域世界に、多かれ少なかれ共通したパターンの政治危機が各国をおそっている。危機には二つのタイプがあり、一つは七年戦争の財政難を契機におこる王権と中間団体との対立であり、一七七〇年前後にフランス、スウェーデン、オーストリア、イギリスで発生するが、王権側の勝利で終わる。もう一つは、これに関連しておこる特権層にたいするブルジョワジーの対立であり、アメリカ独立革命の成功がこの民主的革命の突破口となる。ちなみにフランスはアメリカ独立戦争へ支援軍をおくって独立を成功させ、イギリスに一矢を報いたが、財政難を深めただけに終わった。民主的革命は直ちにヨーロッパに波及し、八〇年代にイギリス、ジュネーヴ、オランダ、オーストリア領ネーデルラントで革命がおこる。これらすべては軍事鎮圧され、挫折した革命家の多くがフランスに亡命の地を求めた。

大西洋革命テーゼは、フランス革命をヨーロッパ地域世界の全体のなかに位置づけた点で先駆的な意義をもっていたが、各地の革命を「民主的革命」として平板にパターン化するきらいがあった。ではフランス革命の独自性とは何だろうか。

# 第6講
# フランス革命と第一帝政

「バスティーユ占拠，1789年7月14日」(18世紀，油彩)

| | |
|---|---|
| 1789 | 5. 全国三部会開催. 7. 憲法制定国民議会成立. 7. バスティーユ占拠. 「大恐怖」発生. 8. 「8 月 4 日夜の決議」. 人権宣言. 10. ヴェルサイユ行進(王族, 議会のパリ移転). 11. 聖職者財産の国有化 |
| 1790 | 7. 聖職者民事基本法 |
| 1791 | 6. ルシャプリエ法. 王家の逃亡事件. 7. シャン－ドゥ－マルス事件. ジャコバン・クラブ分裂. 9. 「1791 年憲法」制定. 10. 立法議会発足 |
| 1792 | 4. 対オーストリア宣戦. 8. テュイルリ宮攻撃, 王権停止. 9. ヴァルミの戦い, 戦況好転. 国民公会発足, 共和政宣言 |
| 1793 | 1. ルイ 16 世処刑. 2. 対イギリス・オランダ宣戦. 第 1 次対仏大同盟成立. 6. ジロンド派首脳, 国民公会より排除. 「1793 年憲法」採択. 7. 封建制の完全無償廃止. 10. 「革命政府」宣言. 王妃マリ－アントワネット処刑 |
| 1794 | 3. エベール派, ついでダントン派処刑. 7. ロベスピエール派処刑 |
| 1795 | 8. 「共和暦第 3 年憲法」採択. 10. ヴァンデミエール 13 日の反乱. 国民公会解散. 総裁政府発足 |
| 1796 | 3. ナポレオン, イタリア方面軍司令官として出発. 5. 「バブーフの陰謀」発覚 |
| 1797 | 10. カンポ－フォルミオ条約(オーストリアとの戦争終わる) |
| 1798 | 5. ナポレオン, エジプト遠征に出発 |
| 1799 | 11. 「ブリュメール 18 日」のクーデタ. 12. 「共和暦第 8 年憲法」公布. ナポレオン, 第一統領に就任 |
| 1804 | 3. 民法典制定. 5. ナポレオン, 皇帝に即位. 第一帝政成立 |
| 1806 | 11. ベルリン勅令発布, 大陸封鎖 |
| 1808 | 3. スペインの反仏蜂起 |
| 1812 | 6. ロシア遠征 |
| 1814 | 4. ナポレオン退位 |
| 1815 | 3. ナポレオン, 「百日天下」. 6. ワーテルローの戦い. 7. セント－ヘレナ島へ配流 |
| 1821 | 5. ナポレオン, セント－ヘレナで没 |

## フランス革命の解釈をめぐって

フランス革命についても、はじめに、その解釈について少しく触れないわけにいかない。わが国の戦後歴史学は、近代国家開始の画期となるのはブルジョワ革命であり、その有無ないしは形態が、それぞれの近代国家の性格を規定するとした。また、フランス革命は、封建貴族にたいしてブルジョワジーが最も徹底的に闘ったという意味で、ブルジョワ革命の典型だとした。

だが今日、この見方は少なくとも二つの点で成り立ちにくい。第一に、これは一国史規模で封建制、資本主義、社会主義の必然的な発展段階を想定していたが、はたしてソ連邦がその最終段階の社会主義国家のモデルたりうるかが議論されているさなかに、そのソ連邦自体が崩壊してしまったので、この発展段階理論も同時に崩壊した。第二に、一九六〇年代から、貴族とブルジョワジーは必然的に対立するのではなく、またフランス革命はブルジョワジーが資本主義の支配を目的にしたのではない、とする「修正主義」が有力となった。

これまで述べたように、私は貴族とブルジョワがア・プリオリに排除しあう敵対階級とは考えない。また、フランス革命を孤立した事件とはみず、これを一八世紀後半からはじまる近代世界体制の第二期への転換という枠組みのなかでの変革としてとらえている。変革の意味は、あくまでも国家構造の転換であり、それが世界に衝撃を与えたのは階級対立の強度ではなく転換の仕方、言いかえると、その政治文化の独自性にある、と考える。

## 1 革命の発生の仕方

### 複合革命論

まず、革命の発生の仕方から考えてみよう。手がかりは、二〇世紀の代表的フランス革命史家ジョルジュ・ルフェーヴルが三〇年代に提唱した複合革命論である。これによれば、フランス革命は一つの革命ではなく、アリストクラート（貴族とそれに準ずるブルジョワ）、ブルジョワ、都市民衆、農民の四つの「革命」からなり、結局、「ブルジョワの革命」が最大の成果をおさめたという意味でフランス革命は「ブルジョワ革命」なのだ、という。ここで重要なことは、フランス革命の苛烈な性格を、封建貴族対ブルジョワの対立という面だけでなく、都市・農村の民衆を加えた三者の関係からとらえること、また、三つの革命はそれぞれ固有な性格をもつ自律的な運動であり、しかもそれらが同時発生によって結合連関を構成する、ということである。言いかえると、貴族の王権にたいする反抗、ブルジョワの貴族にたいする反感、都市民衆の食糧暴動、農民の土地騒擾《そうじょう》は、単独では決定的な危機要因ではないが、同時発生によって結合連関を構成するとき革命となる、というのである。

これらの要因は絶対王政期を通じて体制それ自体に内在している。しかし、近代世界体制の第二期への転換期には、貴族への課税、ブルジョワの「ストレス・ゾーン」、そして民衆の伝統的世界への外部エリートの自由主義的介入のため、それぞれの緊張度が増す。

ここでルフェーヴルがアリストクラート、ブルジョワ、民衆という社会階層の名で表現するものを、革命の発生を構成する動態的な要因で言いかえると、統合力の解体、変革主体の形成、民衆反乱の三つとなる。前講の終わりで述べた八八年夏からの高等法院の王権にたいする度こした反抗が「アリストクラートの革命」であり、それまで辛うじて保たれてきた王権と特権貴族とのバランスを狂わした点で、王政の統合力の解体を意味している。しかし、革命の真の結合連関を創り出すのは変革主体としてのブルジョワの運動の出現であり、この第二要因が他の運動体の配置関係を変え、政治危機を構造化する。

**変革主体の出現**

第二要因の変革主体の出現とは、そもそも体制内に本来的に「革命」をめざす階級または集団が内在していて、それがしだいに力を増し、時期が熟したので行動をおこす、というのではない。ある種の社会的母体があるが、それが土壌になり、ある状況によって革命の「主体」となる集団が短期間のうちに形成されるのである。そして、前述の、全国三部会の召集が決まった一七八八年夏が、この状況にあたる。

社会的母体とは全国各地に叢生しているサロンやサークルであり、パンフレットなどのメディアを通じて政府と高等法院の抗争に注目し、政治意識を高めていた。八八年の夏、パリ高等法院が、きたるべき全国三部会は「フロンドの乱」以前の身分制に立脚する会議方式をとるべしとの旧套墨守《きゅうとうぼくしゅ》の意見を表明したとき、この母体のなかから変革「主体」が出現した。

この「主体」は当時「パトリオット派」と呼ばれたが、都市の政治的・文化的サークルを単位とするローカルな運動の総体にすぎなかった。南東部の工業都市グルノーブルで最も早く運動が盛り上がり、全国三部会選挙がおこなわれた八九年はじめに全国に波及した。グルノーブルについでパリの「三〇人委員会」と呼ばれるサークルが影響力をもちはじめ、ここがシエイエスの『第三身分とは何か』というパンフレットを出版した。

このように「パトリオット派」は経済的な利害集団ではなく、平民上層部という意味での「ブルジョワ」が全国的には大多数を占めるが、少数の自由主義貴族をもふくむ知識人集団である。社会的性格としては「マージナル・エリート」ということができる。グルノーブルの指導者のムーニエとバルナーヴの二人は、ともに裕福な商人の息子で弁護士であり、伝統的な貴族からの蔑視を常に意識する官職保有者である。彼らのなかには王政側の司法改革や地方議会に参加して、司法・行政経験をつんだ者も少なくない。また三〇人委員会は法服貴族のアドリアン・デュポールを中心とするサロン風集まりで、自由主義貴族が牛耳り、有力メンバーのラファイエット侯爵などは大貴族ではあったが、宮廷から疎んじられて不遇をかこっていた。

しかし、変革主体にとって最も重要な属性は政治プログラムである。王権と高等法院の抗争が政治的混迷をくり返す原因は、一方には課税の「平等」の名のもとに中間団体の「特権」を否定する王権側、他方には政治的「自由」の名のもとに王権の「専制」を否定する貴族側、という二つの改革の論理が、両立不可能なことにある。これこそがアンシアン・レジームに内在するディレンマなのだが、きたるべき全国三部会を立憲的な国民代表機関に転換することで、一刀両断にこの決着をつけようとするのが、そのプログラムである。言いかえると、社団原理で編成されている国家機構の外にある社会的結合関係こそが正統性をもつ「公共圏」なのだという理論であり、ここに「国民」の観念が誕生する。この論理こそが変革の根幹をなす画期的なものであり、これが変革主体を形成させた。

一七八九年五月五日にヴェルサイユで開催された全国三部会は、冒頭の審議形式でもめて、政府の財政案の審議に入らずのままに時がたった。フランス革命の最も緊迫した局面の一つである。結局、第三身分代表たちの強硬態度が功を奏し、七月九日に全国三部会が憲法制定国民議会に変身する。だが、王はパリ周辺に二万の軍隊を集結し、その圧力で議会を解散させようとした。

有名な七月一四日のパリのバスティーユ占拠事件が発生したのが、このときであり、ついで全国の都市・農村が沸騰状態になる。この民衆反乱が革命発生の結合関連を構成する第三要因である。

## 民衆反乱

一八世紀に民衆とエリートとの間に文化的溝が深まったことは、前に述べたが、八九年以前から、民衆騒擾は各地でおこっている。領主の貢租や国王の税金への反対、労働争議などその形は多様だが、最も多いのは食糧暴動である。とくに八八年から天候の不順でパンの価格が高騰し、八九年の冬から春にかけては全国の都市・農村で食糧暴動が発生した。民衆を行動に駆り立てたのは、飢えという生理的原因よりは社会的、文化的な観念、つまり食糧不足は不作のためでなく悪徳商人や領主の隠匿や買い占めによるものであり、これが食糧の公正な分配という民衆にとっての古来の慣習的権利を侵害することへの怒りだった。そして、民衆は、慣習的権利の保障は当局の義務であるので、自分たちの行動は秩序破壊の「暴動」ではなく、当局への「警告」であり、当局がなすべきことを「代執行」する正当な行為なのだ、と考えていた。この観念は「モラル・エコノミー」と呼ばれるが、近世の民衆文化の重要な一要因をなしており、経済規制を遵守する古いエリート層にも共有されていた。当時、一部のエリートの間に普及しはじめていた新しい市場経済の論理とは異質なものである。

この食糧暴動が全国三部会の選挙時期と重なったのである。第三身分代表は富裕な市民・地主であるため、彼らは暴動による所有権の侵害を憂慮し、政局混迷の危機意識をますます強めた。だから、この春の時点では、パトリオット派と民衆運動との間は切れている。

バスティーユ占拠

ところが、七月に状況が急変する。七月一二日朝、改革派の財務長官ネッケルの罷免の報がヴェルサイユからパリにとどくと、第三身分代表の動きを終始支援してきたパリ市民は、王の軍事行動間近しとおそれて食糧や武器を集めるため狂奔し、市中は騒然となる。第三身分議員をおくり出していた富裕市民は、軍隊に対抗するとともに市中の秩序を保つため、市庁舎に「常設委員会」をもうけ、地区ごとに民兵(のちに「国民衛兵」の名称)を組織する。こうした秩序維持派の富裕市民とそのコントロールがきかない民衆の動きとが錯綜する状況のなかで、バスティーユの占拠がおこった。

バスティーユはパリ東部地区に築かれた中世の要塞であり、一四日朝、武器の引き渡しを求めて民衆がそこへ押しかけた。常設委員会の調停にもかかわらず、興奮した民衆が要塞中庭に乱入して銃撃戦のすえにこれを占拠し、市庁舎に引き立てられた司令官を途中で殺害した。

バスティーユの占拠それ自体は、一つのハプニングだったが、衝撃をうけたルイ一六世は軍隊を撤収させ、ネッケルを復職させた。パリの事件の報がつたわると、地方の都市でもパリにならって、選出された市民代表が市政を掌握し民兵を組織する「市政革命」がおこった。

「大恐怖」と「八月四日夜の決議」

都市だけでなく、農村も騒然となった。かねて農民の間では、悪意をもつ貴族が浮浪者を雇って村をおそわせる「陰謀」を企てているとの根拠のない恐怖心が広まっていたが、バスティーユ占拠の報が農村にも伝播すると、いよいよ貴族の報復がはじまるとの警戒心が強まり、「大恐怖」（グランド・プール）と呼ばれるパニック状態となった。七月末にほとんど全国の農村が槍・鎌で武装し、いくつかの地域では、「野盗」襲来の虚報におびえた農民が領主や地主の屋敷をおそい、土地台帳を焼き殺害にまでおよんだ。

この農民騒擾は、ほとんどが領主や地主である国民議会の革命派議員にとっては放置できないゆゆしき事態だった。しかし軍隊の出動に頼れば、王の政治的立場を強めることになる。そこで八月四日から五日にかけての夜、自由主義的貴族の議員たちが抜き打ち的に議事を開会し、反対派のいないなかで領主権、教会一〇分の一税、売官制などの廃止を一挙に決議するという謀略的な行動に出た。

これは、通常の審議では容易に通らないアンシアン・レジームの根幹をなす制度の一掃を、農村が沸き立つ異常事態の圧力をかりて、どさくさのなかでやってしまうと同時に、武力を行使せずに農民を沈静化させるという「一石二鳥」の策であり、見事に成功した。翌日から決議を法令化するなかで保守派が巻き返しをはかり、農民に最も関係の深い領主制貢租は有償廃止となった。無償と受け取って静まった農民は失望し、混乱はさらに続くが、ともかく「大恐怖」の危機はおさまり、国民議会の審議は突破口を開いた。憲法の前文となる「人権宣言」が採択されるのが、八月二六日である。

実は九月末、王はこりもせずにまたもやヴェルサイユに軍隊を集結したが、一〇月五日に食糧危機を訴えるパリ民衆、これに続いて国民衛兵がヴェルサイユに行進して王家に圧力を加え、翌日、王一家をパリのテュイルリ宮に移させた。王家についでパリに移った議会では、本格的な憲法審議がはじめて軌道に乗った。

**三極構造**

以上、革命の発生過程をややくわしく述べたのは、そこにみられる三要因が、ヨーロッパ地域世界に共通の特徴と同時に、フランス独自の特徴を示しているからである。特権的中間団体の王権への抵抗、経済発展を背景にもつブルジョワ層の上昇、民衆騒擾、これらは一八世紀後半の「大西洋革命」を経験する西ヨーロッパ各国に多かれ少なかれ共通にみられる。

しかし、フランスに固有なことは、典型的な絶対王政の構造に由来することだが、この三要因が強い緊張をはらむ三極構造を構成することである。すなわち、特権貴族の抵抗が王政を機能麻痺させるまでに頑強なため、袋小路に入った政局を打開すべく理論的に先鋭化した変革主体が出現する。彼らは徒手空拳の議員たちであり、急遽民兵(国民衛兵)を組織するが、その権力の行使は、民衆運動の介入によってはじめて可能である。だが、民衆運動は変革主体を援護する別働隊では決してなく、むしろ変革主体の所有秩序を脅かす自律的存在だ。変革主体はこの民衆運動の沸騰に支えられて、かろうじて中央・地方レベルの制度的な権力交替にたどりついたのだが、民衆運動にたいする制御能力をほとんど欠如している。他方、王政に抵抗した旧体制の支配層の大多数は、予想もしない情勢の急展開を前にして、いまや国外勢力と連携をはかる反革命派に変容しはじめる。

これが八九年暮れの情勢である。制度的にみると、まだ西欧世界のリベラル改革派や王政が受容しうる「改革」の範囲内である。だが、その情勢の政治力学は、この地域世界にとって未曾有の経験としての「革命」になる可能性を内包している。

## 2　ジャコバン主義とは何か

### 展開の動因

フランス革命は一七八九年から一七九九年までの一〇年間、稀にみるドラマティックな展開をとげた。九四年夏まで急進化の坂を一途にのぼったあと、下降線をたどり、政治的不安定が続くなかで九九年末にクーデタによって終わる。

この展開の説明としては、二つの解釈がある。まず、きびしい状況のため、第三身分としてまとまっていた変革主体が上層ブルジョワ、中流ブルジョワ、小ブルジョワへと内部分裂したと、階級対立の激化に原因を求める解釈。そして、革命が目標としたリベラルな原則は九一年の立憲王政憲法で具体化されているのに、革命家たちがルソー主義の観念的断絶主義にかぶれていて、さらに革命をおしすすめた、という政治文化的解釈とである。

この対立する二つの説は、どちらも変革主体だけに焦点をしぼっているが、前述のように、私は革命の発生や展開を三極構造のなかで考えたい。八九年の革命にしても、予想もしない事態の急展開のなかでパトリオット派が慌ただしくとりつけた紙上の成果にすぎず、九〇年に事態が幾分沈静化すると、一方では反革命派の内外での巻き返し、他方では自然発生的に噴出した民衆運動の組織化がはじまる。つまり、諸勢力の陣営配置が形をとりはじめると、変革主体は国民議会の多数派ではあるが、その基盤はきわめて弱く、不安定なのである。

この見地からみれば、フランス革命の展開は九一年体制、革命独裁、総裁政府の三局面に区分される。

## 九一年体制

八九年秋から本格的に国制改革に着手した立憲王政派は、すでに「人権宣言」で法の前の平等(社団原理の否定)と国民主権(専制にたいする自由)という近代国家の原理を表明している。だが、バルナーヴなど初期のジャコバン・クラブを支配するリベラル穏和派の主導下に制定された「九一年憲法」は、選挙権を有産者に限る制限選挙制であり、また王権と妥協して議会の決定にたいする暫定的な拒否権を王に認めた。この間、選挙によってあらたに組織された地方行政には、ローカル社会の有力者がいっせいに政治階級として登場する。そのほとんどが、弁護士、公証人、旧官職保有者、文筆業などの職業にあり、革命前のフリーメイソン・文化サークルや革命後の政治クラブに属していた。

この九一年憲法体制は、アンシアン・レジーム下において最もすすんだネットワークをもっていた自由主義貴族の主導のもとにすすめられ、第三身分の政治化は一歩おくれていた。民衆は自由主義的諸改革を不満として、なおも全国的に騒擾状態を続ける。また制限選挙制による中央・地方選挙の投票率がきわめて低いことは、市民的公共圏が正常に機能していないことを示している。

このリベラリズム路線は時間をかければ定着したかもしれない。しかし、急を要する財政問題解決のための教会・修道院の土地財産の国有化や「聖職者民事基本法」などの性急な措置が、旧勢力を強めさせる。さらに、憲法制定の直前の九一年六月二〇日深夜に王家がテュイルリ宮を抜け出して東の国境にむかい、ヴァレンヌ村で農民に取り押さえられる事件が突発する。立憲王政派は苦境に追い込まれる。七月一七日のシャン＝ドゥ＝マルスでの暴動化した共和政請願大会を契機にジャコバン・クラブは分裂し、多数派を占める穏和派はフイアン・クラブをつくった。

九一年一〇月一日に新憲法に立脚して発足した立法議会には、もはや反革命派は参加しないため、フイアン派が右翼、ジャコバン派が左翼という配置となった。内外の反革命派の運動の根源を一挙に絶とうと、のちに「ジロンド派」と呼ばれるジャコバン派内のグループが九二年四月二〇日、対オーストリア宣戦に世論を引っ張った。しかし、予想に反して戦争は長期化し、オーストリア・プロイセン軍は国境を突破してパリに迫った。軍事的危機のなかで、八月一〇日、パリ民衆と地方義勇兵が武装蜂起し、かねて外国と通じているのでは、と不信の目をむけていたテュイルリ宮を攻撃した。王権は停止され、新憲法をつくるための「国民公会」選挙となる。

ジロンド派の路線は、リベラリズムを放棄することなく民衆のショーヴィニズムに訴えるだけで反革命を根絶しようとする冒険主義であり、破綻した。ここからフランス革命を最も特徴づけるジャコバン主義が生まれる。

**革命独裁・ジャコバン主義**

普通選挙で選出された国民公会(九二年九月二一日に発足)では、ジャコバン・クラブから離れて小集団に分かれた旧ジャコバン右派(のちに「ジロンド派」と総称)が右翼となり、残ったジャコバン派が左翼となり、高い議席に陣取るため「山岳派」(モンタニャール)と呼ばれた。山岳派は、民衆運動と結合してでも革命の成果を守ろうとする路線を選択した議員たちである。山岳派に同調する議員がしだいに増え、戦況悪化で革命の危機が強まった九三年六月二日、ジロンド派首脳は院外のパリ民衆運動とこれと呼応する院内の山岳派によって国民公会から排除された。

その後の国民公会は、共和主義の「一七九三年憲法」を採択するが、一〇月、平和到来まで憲法の施行を停止して公会に全権力を集中する「革命政府」体制をとることを宣言した。とくに公会内の公安委員会の権限が大きくなった。これが、いわゆる「テルール」(恐怖政治)と呼ばれる体制である。その理念は、体制の中核的位置を占めたロベスピエールによって最もよく表明され、「ジャコバン主義」ともいわれる。

ロベスピエールは、基本的にはリベラル路線から逸脱しておらず、その延長にある。彼にとっては、民衆は依然として啓蒙されるべき存在であり、革命防衛という緊急要請に直面するいま、自然発生的で無秩序な街頭の民衆運動を「市民的公共圏」のなかに統合し、理性的存在として変革主体のコントロール下におかなければならない。このためには、一方で可能な限り貧困な民衆に所有を分配して「市民」化するとともに、他方では過大な所有を制限し、それとならんで、習俗の全面的刷新によって「新しい人間」を創り出す必要があった。それが、全生活を政治化する「テルール」である。「テルール」とは「徳と恐怖」を原理にもつ戦時非常体制であり、「徳」とは公共の善への献身、「恐怖」とはそれに反する者への懲罰をさす。「徳なくしては恐怖は罪悪であり、恐怖なくしては徳は無力である」(ロベスピエール)。

こうして「革命政府」は単に反革命勢力にたいする仮借のない戦いだけでなく、独走する民衆運動のコントロールをも意味した。そのため、国民公会は厳正な自己規律をもちつつ民衆の願望を自主的に実現することによって、革命の指導部としての権威をもつべきものとされた。

これが革命裁判所の設置、最高価格令、貧農への土地分配令などの措置となった。ロベスピエール派は単に社会経済の施策による民衆の統合だけでなく、民衆の啓蒙による「新しい人間」への人間改造を重視した。

しかし、これを鉄のような革命独裁体制と考えてはならない。もともと山岳派には、全共和派の大同団結のためジロンド派残党や中間派議員との妥協を重視する右派（ダントンを中心とする）と民衆運動との結合を重視する左派（ビヨ＝ヴァレンヌなど）があり、ロベスピエール派はごく少数にすぎない。また、これらの活動分子をとりまく山岳派議員の多数は民衆運動への譲歩を革命防衛のための必要悪とみなすオポテュニストであり、しかも、これらをふくめて山岳派は公会内で半数に達せず、議員の半数は、民衆運動を警戒しながら沈黙して時節到来を待つ中間消極派であった。

九四年春、ロベスピエールはダントン派首脳と、民衆運動に影響力をもつエベール派との左右勢力を粛清した。さらに夏、ふたたび議会の刷新を企てたとき、独善的な精神主義に傾いて孤立を深めたロベスピエールは、「革命政府」の解消に傾く右派、ロベスピエールの個人独裁を嫌った左派の連合によって同志とともに議場で逮捕された（七月二七日、共和暦第二年テルミドール九日）。パリの民衆は春以来リーダーを逮捕されてロベスピエールに反感を抱き、あるいは公職にありついて保守化して、事態を阻止しなかった。

ロベスピエール派の失脚後、革命政府は解消にむかう。というのは、革命政府が可能な条件は、山岳派が公会内では少数であるにもかかわらず、院外の民衆運動の圧力に支えられて議会を支配することにあった。だが、いまや山岳派は分裂し、公会内の受け皿を失った院外の民衆運動は組織のない大衆運動をくり返したのち沈滞した。こうして、三極構造は解消にむかい、九五年秋、保守的共和派による集団指導体制の総裁政府へ移行し（九五年体制）、リベラリズムへ復帰する。

革命前にくらべると、「市民的公共圏」の基盤は拡大している。領主制廃止や国有土地財産払い下げの土地政策は、富裕者に有利な方式とはいえ、所有農民を増加させており、また戦争は製造業者・御用商人などの多くの「成り上がり」層を生んだ。また、ブルジョワと民衆との中間に当たる小商人・手工業親方たちの間からも、ローカル行政の経験をつんだ「プチ名望家」の広い層が形成されていた。出生・門閥から個人の「才能」本位への社会転換はかなり進展していた。

しかし、これらの社会層はまだヘゲモニーを構成するにはいたっていない。選挙のたびに左右に大きく揺れる不安定な総裁政府下では、全国の治安・行政は著しく混乱し、役人の給料遅配・不払いのため政府への信頼は低下し、地方行政官のリクルートも容易ではなかった。しかも戦争は依然として続き、革命はまたもや危機におちいった。革命独裁を再構築しようとするバブーフなどの運動が政府を揺さぶるが、もはや変革主体と民衆運動との結合はありえない。そこで一部の総裁政府派議員が政局安定のため、急速に独自勢力として台頭してきた軍部に頼っておこなったのが、九九年のブリュメール一八日(一一月九日)のクーデタである。

## 3　ナポレオン帝国

### 革命の子

クーデタののち、統領政府が成立する。五人の総裁にかわって三人の統領がおかれ、普通選挙制が復活した点では、共和体制の連続だが、選挙は名士リストをつくるだけで、そのなかから政府が議員を選んだ。しかも、その立法機関の権限は極端に弱い。これはクーデタ計画の中心となった総裁の一人シエイエスの「権威が上から来て、信頼が下から来る」という構想を実現した権威主義体制だった。絶大な権限をもつ第一統領には、シエイエスがクーデタの単なる道具に利用したつもりのナポレオン・ボナパルト(一七六九―一八二一)が、その裏をかいて就任した。

当時の軍部にはナポレオンのほかにも共和派の将軍がいたのであり、したがって、クーデタ後のフランスの成り行きは、戦術と政治のたぐい稀な技術者であるとともに異常な野心家であったナポレオンの個性によるところが大きい。

もとジェノヴァ領コルシカ島の旧家の次男に生まれ、本土の兵学校の給費生となったナポレオンは、やはりマージナル・エリートの一人である。

革命の開始後も不遇だったが、国民公会終了時にパリでおこった王党派の蜂起(「ヴァンデミエール一三日」)の鎮圧に起用されて才能を示し、以後、イタリア方面軍司令官として功績をあげ、ついでエジプト遠征によって軍部の重鎮となる。このように、ナポレオンはまぎれもない「革命の子」であった。

## 第一帝政

ナポレオンは、ローマ教皇との宗教和約(一八〇一)の締結や「民法典」(一八〇四)の制定をおこなって、革命後の社会の安定をはかり、他方ではオーストリアやイギリスと和平を結んで全面的な対外的平和を回復した。これらの成果の上に立って一八〇二年に終身統領に就任、一八〇四年五月には、王政復活の危険を理由に元老院決議と人民投票によって世襲皇帝となった。「第一帝政」の誕生である。

ナポレオン帝国は言論・出版を統制し、レジヨン・ドヌール勲章を制定し、新しい貴族をつくって宮廷を復活させた。この新しい社会序列の規準は「国家への奉仕」である。つまり、ナポレオン帝国は全国民に皇帝への服従を求める専制国家だった。しかし、皇帝の正統性は、血統ではなく人民投票に立脚している点で、革命の原理に立っている。

社会各層は一部の自由派をのぞき、皇帝独裁を歓迎した。領主制の廃止と国有化された土地

(聖職者、ついで亡命者が対象となる)の払い下げによって革命期に利益を得た中小農民は、既得権の保護者を求めて政治的に保守化していた。都市労働者はストライキの禁止や「労働手帳」の所持義務によって自由を制限されたが、革命前から革命中にかけて彼らを苦しめた食糧事情は改善され、少なくとも日常生活が脅かされることはなくなった。

ブルジョワもまた革命期に聖職者や亡命貴族の土地を手に入れて社会的安定を望み、身分差別の廃止された軍隊・官僚のなかに社会的上昇の機会を見出していた。またイギリスに対抗する工業保護や大陸支配は、フランス産業にとって国外への市場の拡大を約束するかにみえた。あとは、軍事的勝利によってナショナリズムを高揚させ、それによって国民の自発性を権威主義的に動員すればよいのである。それは一八一一年まで順調にすすむが、やがて歯車が狂った。

**崩壊**　一七九二年に立法議会が戦争をはじめて以来、革命防衛戦争と革命輸出戦争との区別はしだいに不明瞭になっていく。とくに総裁政府下に軍部が政府のコントロールをはなれるにつれて、征服戦争の性格を帯び、解放の理念はフランスの国家利益の手段になった。

フランスにとって基本的な敵といえば、ブルボン朝末期以来のイギリスだが、トラファルガル沖の海戦(一八〇五)で壊滅的打撃をうけてからは、イギリス本土の直接攻撃を断念して大陸征服に専念した。一八一〇—一一年が帝国の絶頂である。

　軍事的躓《つまず》きのはじまりは、一八〇八年のフランス軍に反抗するスペイン人の蜂起であり、一二年のロシア遠征が命取りとなる。悲惨な撤退は、ロシアに侵入した七〇万の大陸軍のうち、四〇万の兵をロシアに置き去りにし、そのうち一〇万が捕虜となった。

　この機会をとらえてプロイセン、オーストリアがロシアとともに反ナポレオン戦争に立ち上がり、一八一四年四月、ナポレオンは退位して地中海のエルバ島を与えられた。パリにはルイ一六世の弟のルイ一八世が亡命先からもどり、王政復古となるが、ナポレオンは翌一五年にエルバ島を脱出して南フランスに上陸し、パリに入って帝政を復活した。しかし六月、ワーテルローの戦いで反ナポレオン同盟軍に敗れ、「百日天下」は潰えた。失意のナポレオンは大西洋の孤島セントヘレナに流され、伝説の人物と化していった。

　フランス革命と第一帝政は、フランス史のなかで、一つのブロックをなしている。ナポレオンの成功の最大理由は、強力な政府を望むフランス社会の要請に、その権威主義的な個性と壮大な野心がマッチしたことにある。革命によって変化した社会は、ナポレオン帝政の政治文化のなかに、安定した解決を見出したかにみえた。そこでは市民的平等(社団の廃止)と人民主権という革命の原理は継承されている。大衆に訴える人民投票方式はデモクラシーの一形態である。しかし、その国家は革命の軍事的防衛と行政的効率優先を至上命令とする官僚主義的管理国家でもあった。この政治体制の弱点は軍事的栄光への依存であり、その躓きが苛酷な徴兵義務を負う農民の、また戦費の重税を負うブルジョワの不満を顕在化させたのである。

「ブルジョワ革命」と「市民革命」

ここでフランス革命と明治の変革（明治維新から国会開設まで）との比較について、一言しておきたい。日本では戦前から欧米学界の当時の主流的解釈をうけいれて「フランス革命イコールブルジョワ革命」論が支配的であり、それに立って明治変革との比較がなされてきた。

現在の歴史学界では、フランス革命が経済的階級としての「ブルジョワ」が資本主義の確立を主目的としておこした革命だ、という意味では、「ブルジョワ革命」論は成り立たない。産業資本家が変革主体の根幹でもない。

しかし、これまで私は「ブルジョワ」概念を経済的ではなく、社会・政治的概念として、すなわち民衆層から上昇する新興中間層としてとらえてきた。この社会層は商人・産業家・官僚・法曹・言論人など何らかの意味で国家の機構的・地域的な集権化の波に乗って上昇してきたマージナル・エリートであり、この意味ではフランス革命を「ブルジョワ革命」と規定することができる。なぜなら、この社会層が変革主体の根幹となって、彼らをエリートの「マージナル」たらしめている身分・社団・産業規制などの解消を変革の目的としたからである。

なお、日本では、「ブルジョワ」の語を「市民」と置き換えたため、「市民革命」という用語が同義語として使われることがあるが、その概念内容は必ずしも同じではない。「市民革命」概念は、その革命の目的として、「市民社会」の樹立を含意している。「市民社会」とは英語の civil society（フランス語で société civile）の訳語で、「民間公共社会」とも訳されるが、要するに、民間の経済行為や文化活動など国家に包摂されない社会生活の自律的分野をさす抽象的概念である。前述の「新しい公共圏」にひとしいが、実際には国家から完全に自律的な生活圏はありえない。そして、私が述べる意味の「ブルジョワ革命」は多かれ少なかれ新しい公共圏をつくりだすので、「市民革命」でもあるが、「市民革命」は二〇世紀の独裁国家においてもおこりうるので、やはり政治社会学的な別のカテゴリに属する概念である。

明治変革（明治維新から国会開設まで）とフランス革命とが比較史の対象となりうるのは、両者が資本主義世界体制の第二期への移行期における、国家構造の転換を目的とする政治革命だからである。また変革の目的が、中間団体の解消（明治変革では廃藩置県、武士身分解消など）による国家の凝集力の強化という歴史的位相において、共通しているからである。したがって比較の核心は、資本主義の段階や構造ではなくて、変革を律する政治文化の相違にある。

この点について一つだけ触れると、どちらの変革でも三極構造が認められるが、フランス革命では変革主体が「自由」・「平等」の二理念を統一するリベラル・デモクラシーを掲げて登場し、きびしい状況のなかでジャコバン主義とボナパルティズム（人民投票的デモクラシー）が派生するのにたいして、日本の明治変革では、抵抗勢力が比較的容易に排除されたため、民衆的要因の介入への依存度が弱い。これが、フランス革命では、過去と断絶しようとする強い願望、普遍主義への信頼などを特色とする政治文化の伝統を生んだのにたいして、明治変革ではそれが弱いという相違を生じさせている。

# 第7講
# 革命と名望家の時代

スダンで捕虜となったナポレオン3世と
降伏したパリ国防政府のトゥロシュ将軍
(1871年の諷刺画)

| | |
|---|---|
| 1814 | 復古王政開始.「憲章」公布. ウィーン会議(～15) |
| 1824 | ルイ 18 世没, シャルル 10 世即位 |
| 1825 | 10 億フラン法成立 |
| 1830 | アルジェ占領／七月革命. 七月王政成立(～48) |
| 1840 | 外相ギゾー, 実権掌握. ナポレオンの遺骸, パリに帰還 |
| 1848 | 二月革命. 第二共和政成立／六月事件. ルイ・ナポレオン, 大統領に選出 |
| 1851 | ルイ・ナポレオンのクーデタ. 人民投票で承認 |
| 1852 | 帝政復活の人民投票. ナポレオン 3 世, 皇帝に即位. 第二帝政成立 |
| 1853 | セーヌ県知事オースマン, パリ改造に着手 |
| 1854 | クリミア戦争に介入(～56) |
| 1859 | イタリア統一戦争(～60) |
| 1860 | 英仏通商条約 |
| 1862 | メキシコ出兵(～67). コーチシナ併合 |
| 1864 | 労働者の団結権を承認. 第 1 インターナショナル, パリ支部創設 |
| 1867 | メキシコ撤兵 |
| 1870 | 憲法改正. プロイセンに宣戦. スダンで降伏. 第二帝政崩壊 |

### 統合力としての「政治文化」

ナポレオン没落後、一九世紀のフランスの政治体制は、めまぐるしく変転する。復古王政（一八一四―三〇）、七月王政（三〇―四八）、第二共和政（四八―五二）、第二帝政（五二―七〇）、そして短命な自治体政府のパリ・コミューン（七一）をはさんで第三共和政（七五―一九四〇）、といった具合である。フランス革命期を入れると、八五年間に一一の政体となる。

この変転は、これまでマルクス主義に限らず、おりから進展しつつある産業化にともなう階級対立から説明されることが多かった。貴族対ブルジョワ、ついでブルジョワ対労働者の階級闘争として歴史の舞台が右から左へと廻り、フランスはこの転回が古典的な段階をへて進行する国だ、というのである。

たしかに、産業化は階級間の新しい溝を創り出し、新しい階級対立を生み出した。しかし、第二帝政期は、盛期をすぎたブルジョワと上昇期の労働者の均衡状態どころか、まだブルジョワは成熟過程にある。また、パリ・コミューンの労働者は近代的なプロレタリアートではなく、伝統的な職人労働者である。何よりも、この転回の最後の段階に、記録的に長期にわたって安定したブルジョワ国家である第三共和政がくる。したがって、政治的不安定は、階級対立の舞台が継起的に転回するのではなく、別の事態として理解しなければならない。歴史の中心には常にブルジョワがいるのだ。

そこでナポレオン後のヨーロッパ全体に視野を拡げると、フランス革命とナポレオン帝国によって攪乱《かくらん》された国際秩序を修復するためウィーン体制が生まれたが、ヨーロッパ地域世界は一八世紀後半から転換期に入っており、イギリスを先頭とする産業革命と、フランスの経験を加えてさらに深刻となった政治変革の二重の試練のもとにあった。この転換をいかに平穏に達成するかが、各国が共通にかかえる現実の課題であり、フランスの著しい政治的不安定とは、この課題の達成が他のどの国よりも困難だ、ということを意味している。

ところで、このフランスの展開には、きわめて特徴的な二点がある。その一つは、まるでフランス革命のヴィデオが再生されるように王政から共和政をへて帝政にいたる経緯をたどる。そこには三極構造が再生し、自由と平等の問題が再現する。もう一つは、フランス革命の経験が複数の政治文化として形象化され、統合原理として競合する。サン-シモン、トクヴィル、プルードン、そして亡命者としてのマルクスなど、この間のイデオローグのすべてが、フランス革命を参照事項とし、あるいは直接にフランス革命史を叙述していることは、注目に値する。

しかし、私はこれを政治思想あるいはイデオロギーとしてではなく、政治文化としてみてゆきたい。ここでいう「政治文化」とは、言説、シンボル、儀礼などからなる表象システムをさし、個人や集団の政治行為は、理念やイデオロギーではなく、これらの表象システムによって決定される、との想定に立つ。政治文化は、社会内に複数存在し、組織や集団によって担われ、普及する。相互に影響しあい折衷しあって変容してゆくのが政治文化の特性である。たとえば、「明治維新の政治文化」という場合には、明治維新の単一の政治文化という意味ではなく、そのなかで圧倒的な多数派を形成する文化ということである。

本講で扱う時期に、フランス革命の経験は正統主義、リベラリズム、民主的共和主義、人民投票型デモクラシー、アナーキズムなどの複数の政治文化として形象化され、統合原理として競合するのである。

## 1 「憲章」体制

### 復古王政

一八一四年五月、一七九一年いらい亡命生活をおくっていたルイ一六世の弟プロヴァンス伯が、ルイ一八世(在位一八一四—一二四)としてイギリスからパリに帰還した。王と前後して亡命貴族たちも続々と帰国し、各地で復讐心に燃えた白色テロがおこる。しかし、国民の大部分はナポレオンを見捨てたが、フランス革命の原理を見捨ててはいなかった。フランスをとりまく国際情勢も、反動的な王政の復活を望んではいない。ウィーン会議の目的は革命の再発を予防するためイギリス、ロシア、オーストリア、プロイセン、フランスの五列強が協調して平和を保つことであり、そのためには、革命再発を避ける安全弁として、フランスにある程度のリベラリズムが許容された。

このような情勢のなかでルイ一八世が選んだのが、一八一四年六月四日公布の「憲章」(シャルト)に示される中道政治である。これは国民主権を否定し、カトリックを国教化するなど反動面もあるが、他方では法の前の平等、所有権の不可侵、言論・出版の自由など革命の原則を確認する。また、王の任命する世襲議員からなる貴族院と、制限選挙制で選ばれる代議院との二院制となるが、大臣の任命権と法の発議権は王にだけ属する。要するにアンシアン・レジームと九一年体制との妥協である。

しかし、二五年におよぶフランス人同士の流血の敵対は簡単には妥協を許さず、「ユルトラ」と呼ばれる過激王党派は革命を憎悪し、「リベロー」と呼ばれる自由派は「憲章」にふくまれる立憲主義を守ろうとする。ルイ一八世は辛うじて中道政治を保ったが、一八二四年に、王弟のユルトラ首領アルトワ伯がシャルル一〇世(在位一八二四—三〇)として王位につくと、反動政治がはじまった。革命期に土地を没収・売却された亡命貴族に補償金を与える「亡命貴族の一〇億フラン法」(一八二五)や、ランス大聖堂での聖別式の復活などがそのあらわれである。そして、一八三〇年、自由派が抑圧にもかかわらず代議院選挙で勝つと、シャルル一〇世は七月二五日、新聞発行の制限、議会の解散、商工業者を閉め出す選挙権の制限などの王令を出した。これが「七月革命」のきっかけとなる。

**七月革命**

七月革命は、パリの「栄光の三日間」で決着のついたあっけない出来事である。七月二六日、自由派のアドルフ・ティエール（一七九七―一八七七）の発行する『ル・ナシオナール』紙の王令への抗議文が、最初の行動となり、翌二七日に学生・労働者・市民がパリ市内にバリケードを築く。その夜から市内は蜂起状態になり、軍隊との戦闘がはじまるが、兵士は市民側に同調し、二九日朝には議会のあるブルボン宮も蜂起側に占拠された。この間、蜂起側の死者八〇〇、負傷者四〇〇〇。

街頭の蜂起者たちは八九年の英雄ラファイエットを大統領とする共和政を望んだが、自由派議員たちは情勢が静まるのを待ち、オルレアン公ルイ－フィリップ（一七七三―一八五〇、在位一八三〇―四八）を王にするティエールの提案に賛成した。オルレアン家は王家筆頭であるにもかかわらずフランス革命期に当主ルイ－フィリップ・ジョゼフが従兄弟に当たるルイ一六世の死刑に賛成投票したため、息子のルイ－フィリップは、ブルボン家から嫌われて公職から閉め出されていた。いっぽう、議会は急遽憲章を改正し、八月九日、ルイ－フィリップがこの遵守を宣誓して、「七月王政」が誕生する。

七月王政は、リベローが権力の座を占める「ブルジョワ」の国家だが、わずか一八年しか続かなかった。復古王政後期のブルボン正統主義が倒れたあと、リベラリズムも安定した政治体制とならないのは、何故だろうか。

## 名望家体制

この時期のフランスの政治構造は「名望家体制」という。「名望家」とはローカル社会のエリートであり、彼らが影響力を発揮できるのは、アンシアン・レジーム期の貴族のように血統や身分によるのではなく、また一九世紀末以降の有力者のように政党や団体の組織力によるのでもない。それは、財力、教養、生活様式などに由来する威信のほかに、議員として直接に、あるいは人脈によって間接に中央政治に結びついているからである。彼らが選挙で選ばれるのは、特定の社会層の利害を代表するからではなく、ローカル社会の価値観を管理し無言のコンセンサスをとりつける「お偉方《えらがた》」だからだ。その職業は地主、企業家、役人、自由職業人などの幅広い階層であり、同一人物のなかに経済・政治・社会の諸権力が分化せずに集中している。

この政治体制が生まれる条件は、社団が解消して法的に平等な社会になり、産業化の進行によって全国的な連関が生まれながらも、まだローカルな共同体が残り、パーソナルな社会関係が強く作用している過渡期である。この名望家体制が、フランスでは安定しないのである。

そこで、典型的な名望家体制が生まれたとされる同時代のイギリスについて、その安定の条件をみてみよう。第一に名望家を構成する地主貴族とブルジョワの社会的混交が順調に進行している。また、第二に制限選挙制でありながら議会改革運動の進展によって、それが極端に寡頭的ではない。第三に「自助」のエートスによるブルジョワの労働者統合がある程度成功している。一言でいえば、「市民社会」が成熟し、それが弱い中央の国家権力を下から支えるリベラリズムの国家なのである。

ところが、七月王政では、これらの条件が乏しかった。

### 七月王政の弱点

まず、貴族とブルジョワとの間には深い溝がある。亡命地から帰国した貴族のなかには大地主が多く、「わが世の春」を夢みる過激な正統主義がはびこっていたが、七月革命後は中央政界から引退して領地の城館に引きこもる傾向が強まった。彼らにとってルイ－フィリップの即位は血統の「正統性」ではなく三色旗の革命によるものとして許しがたい。彼らは近隣の農村社会への影響力を保持し、地方政治の侮りがたい勢力として存続した。

他方、ブルジョワは分裂している。七月王政下のフランスは、個人が経済活動、官僚コース、戦争、芸術活動などを通じて自分の才能を存分に生かし、立身出世する道が容易になったという点で、ヨーロッパで最も「ブルジョワ的」な社会だといわれる。しかし、その頂点にいるのは、国債・保険など金融業務で政府に食い込むロートシルト(ロスチャイルド)家など「オート・バンク」と呼ばれる大ブルジョワであり、この寡頭支配にたいして中小ブルジョワは反感を抱いた。

このことが選挙制度にもみられる。改正憲章では選挙資格の納税額や投票年齢が引き下げられたから、七月王政は復古王政よりはいくらか民主的である。しかし、一八三二年の選挙法改革後のイギリスでは、三〇人の住民当たり一人の選挙人がいたのにたいして、フランスでは一八四六年の選挙法改正後も一五〇人の住民当たり一人の選挙人であるから、やはり選挙権の制限はきびしかった。また、議会にたいする王の権限はイギリスより強かった。このため、七月革命にたいする受け取り方がブルジョワ内部で違う。大ブルジョワが、シャルル一〇世の反動的なクーデタにたいする単なる抵抗と考えたのにたいして、中小ブルジョワの共和主義者は、パリ街頭における三色旗の勝利が少数の政治家によって横領されたと考えた。共和主義者の学生・民衆はしばしばデモや暴動をくり返して政府を脅かし、リヨンその他の労働者の暴動と結びつきはじめた。

このように貴族とブルジョワの間の溝が深く、ブルジョワ自体の内部が反目しあうとなると、市民社会が成熟せず、名望家体制は安定性を欠くことになる。名望家は自力だけでは住民のコンセンサスをとりつけられないので、リベラリズムの理念に背いて強力な国家の権威の後盾に頼らざるをえない。

労働者にたいするブルジョワの統合能力も低い。イギリスにくらべて都市化のおそいフランスでは、農村人口の都市への移動は一九世紀前半には弱く、ほとんどの都市工業は伝統的な手工業者によって担われている。三〇年代に激しくなったストライキは、この伝統的な熟練労働者によっておこなわれた。彼らの組織は伝統的なギルド(コルポラシオン)的結合に個人的自発性を加えて再編成された「アソシアシオン」であり、労働者運動の自律性が重視された。独学によって教養を身につけ共和主義の影響をうけた印刷工、建設工などの職人がそのリーダーである。

## ギゾー

七月王政は、その成立の経過から分かるように革命と王政の結合であり、その点ではフランス革命期の九一年王政と似ている。そして、オルレアン派はフランス革命の経験をふまえて民衆の街頭行動を危険視し、自由と民主(平等)の革命の二原理は両立しないと考え、自由だけを採用した。それが七月王政期のリベラリズムの基本的性格である。議会には少数の共和派や自由派左派がいるが、七月王政を支える議会多数派は保守的で、新聞人上がりで世論に敏感なティエールと大ブルジョワに支持されるフランソワ・ギゾー(一七八七—一八七四)が影響力をもっていた。

ティエールははじめ王の信任を得ていたが、国内世論を背景に強硬な東方政策をとり、地中海の制海権をめぐってイギリスと衝突した。そのため、国際的孤立をおそれた王はティエールを罷免し、ギゾーに主導権が移った。

現実的政治家のギゾーはイギリスとの協調を回復すると同時に、文字通りの「中庸政策」をとった。イギリスの市場支配を警戒する中小ブルジョワにとっては、ギゾーはイギリスの手先のように映ったが、その中小ブルジョワが要求する選挙権の拡大にたいして、ギゾーは断固として譲らなかった。彼の政治信念は「金持ちになりたまえ。そうすれば選挙に加われるだろう」という言葉で有名だ。この冷血なリベラリズムの底には「私は王の神授権も人民主権も信じない」「私は理性、正義、法の主権を信ずる」との政治哲学がある。それによれば、理性とは社会の奥に隠れているものであり、選挙とは能力のある者がこの理性を抽出する作業なのだ。したがって投票は権利ではなくて機能であり、その能力は資産によって資質を保証されている有産者、とくに地主にある。これが、フランスに限らず制限選挙制の論理である。勤労と節約によって資産を築いたすべての者に選挙資格が開かれているのだから、リベラリズムには違いない。しかし、ギゾーの考える「中間階級」はきわめて狭く、このリベラリズムの寡頭性が、七月王政の命取りとなる。

## 2　二月革命と第二共和政

## 一八四八年

七月王政は一八四八年の二月革命によって倒れた。この政変はロシアとスペインをのぞくヨーロッパ各地に、連鎖的に革命を波及させ、いくつかの点でヨーロッパ政治の転換点となった。第一に、ウィーン体制が崩壊し、国民国家が競合する激動期に入る。第二に、ブルジョワ的改革の課題はまだ残っているが、それを革命によって達成するケースが消える。第三に、世紀前半の政治風潮はリベラリズムが主だったが、デモクラシーが同等の重みをもちはじめる。

## 二月革命

七月革命もそうだったが、二月革命はフランス革命と同様に三極構造をなしている。反革命、変革主体、民衆の三勢力がそれぞれ自律的な鼎立関係にあり、変革主体と民衆との間に結合関係が生まれる。まず一八四六年以来、凶作による食糧不足と工業生産の不振による失業者の増加のため、都市騒擾が発生する。他方、オルレアン王政左派、共和派による選挙権拡大の議会改革運動がイギリスの流儀をまねた「改革宴会」という集会の形をとり、パリをはじめ全国に拡がっていた。これにたいして一八四八年二月二二日、ギゾー政府がパリの大規模な宴会集会に禁止令を出したため、その日からパリの学生、民衆が街頭に出て騒然となった。翌二三日、国民衛兵(民兵)が反乱側に荷担し、二四日には民衆が市庁舎、王宮を占拠、ルイ－フィリップは退位して、イギリスへ亡命した。急遽議員が集まった代議院の議場は混乱をきわめ、武装した民衆の圧力のもとに、共和派の提案した臨時政府の設置が決議され、共和政が宣言された。わずか三日間の出来事である。

臨時政府は急造の寄り合い所帯であり、右派に自由主義共和派、左派に社会主義者がおり、ラマルティーヌ、ルドリュ－ロランの二人の共和主義左派が中間の調停役となった。臨時政府は男子普通選挙、言論・集会の自由などのほか、労働者のため「国立作業場」と称する失業救済公共事業を決めた。変革主体と民衆運動の要求の実現である。この急展開の状況をふまえて、四月に憲法制定議会の選挙がおこなわれた。

ここまではフランス革命期の一七八九年と同じ三極構造の展開である。だが、選挙は予想通り、パリの過激な事態を懸念する地方の世論を反映し、穏和な共和派が過半数を占め、左派は王党派にもおよばぬ惨敗を喫した。ここから局面が変わる。

### 三極構造の解消

第二局面は、ルイ・ブランとアルベールの二人の社会主義者が政府から排除され、国立作業場が閉鎖されたことからはじまる。閉鎖に反対するパリの民衆蜂起が六月二三―二六日に徹底的に弾圧されて、多数の死傷者が出た。共和派の政府と社会主義・民衆運動との溝は決定的となる。この後、一一月四日に第二共和政憲法が制定された。男子普通選挙によって選ばれる一院制議会が立法権を、大統領が行政権をもつ内容であり、一二月一〇日の大統領選挙では、予想外の人物ルイ・ナポレオン・ボナパルト（一八〇八―七三、皇帝一八五二―七〇）が投票総数の四分の三を獲得して当選した。

ルイ・ナポレオンはナポレオン一世の兄オランダ王ルイの三男であり、長い亡命、放浪、反乱、投獄の経歴をもつ得体の知れない冒険屋とみなされていた。選挙に当たり、彼は、フランス革命で発揚された人民の権利と権威的指導者がもたらす秩序という二原則の結合こそが、フランスの混迷した現状を打破し国民に栄光を約束するとの「ナポレオン的理念」を、新聞、版画、歌などの大衆的メディアを動員して浸透させた。また一八四〇年末にナポレオン一世の遺《い》骸《がい》がセント－ヘレナ島からパリのアンヴァリードに移され、革命の守護者、不運な英雄という「ナポレオン伝説」がつくられていたことも彼に利した。ルイ・ナポレオンの爆発的な成功を支えたのは国民の大多数を占める農民であり、農業不況打開の願望を革命期の農民の「守護者」であったナポレオンの名に託した。ブルジョワ共和派に幻滅した労働者もその労働者保護に期待した。共和派の基盤であった中小ブルジョワも、イギリスに対抗して産業保護をしたナポレオンの追憶を呼びもどした。

新大統領は再結集しはじめた王政派の「秩序派」の内閣を任命し、政局は反社会主義から反共和主義に転換する。四九年五月の選挙では穏和共和派が凋落《ちょうらく》して、多数派の「秩序派」と、共和派左派と民主派をあわせた少数派の「山岳派」とが対峙する。いまや護憲の守勢に立った山岳派は政府のローマへの軍隊派遣に抗議した六月一三日の街頭行動を鎮圧され、指導者は亡命した。フランスは「共和派のいない共和国」となり、三極構造は解消した。

ここから第三の局面に入る。秩序派はオルレアン派を中心とする名望家であり、ルイ・ナポレオンを傀儡《かいらい》とみなしていた。秩序が回復したいまとなっては無用である。他方、ルイ・ナポレオンは夢想的な野心家であり、ここから共和派なきあとの権力をめぐって議会と大統領の角逐《かくちく》がはじまった。議会が出版・集会を制限し、教育へのカトリックの監督権を強化し、五〇年五月には制限選挙制を復活するなど反動政治をすすめるのにたいし、ルイ・ナポレオンは各地を遊説して人心の不満を議会にむけるとともに軍部を掌握し、五一年一二月二日、クーデタを敢行して議会を解散した。

**秩序派とルイ・ナポレオン**

クーデタへの各地の散発的な抗議行動は簡単に潰され、山岳派議員は流刑、追放となり、共和派のヴィクトル・ユゴーも亡命した。知識人の多くは抗議に加わったわけではないが、これ以後、体制に背をむけた。

ルイ・ナポレオンはクーデタの結果を人民投票にかけて圧倒的多数で承認され、翌年、大統領権限の拡大と普通選挙の復活を盛り込んだ新憲法を制定した。二・三月の選挙で政府公認議員がほとんど全議席を占めたのち、帝政復活が人民投票によって圧倒的多数の票を得て可決された。一八五二年一二月二日、ルイ・ナポレオンは皇帝ナポレオン三世になった。

## 3　第二帝政

### 自由と平等

当時、ルイ・ナポレオンは「くだらない人物」だと誰しも軽視していただけに、あの二月革命がこのような結果になったことは多くの人びとにとってまったく意外だった。その成果を横取りされた共和派は、旧名望家がデマゴーグのルイ・ナポレオンを政府反対の道具として利用し、「無知な大衆」が支離滅裂な「ナポレオン理念」に「だまされた」ためだ、と考えた。しかし、第二帝政は単なる「茶番」として片づけるべきでなく、一つの政治文化として検討するに値する。

問題は、近代国家における自由とデモクラシーの関係である。立憲王政の自由派は、自由と平等の二原理が基本的には両立しないと考えたから、制限選挙制に固執した。しかし、それが寡頭的であるため、二月革命の共和派にとって(男子)普通選挙制が共通スローガンとなった。共和派はデモクラシーが政治問題を解決すると考えたのである。

しかし、デモクラシーは解決にはならなかった。ルイ・ナポレオンのクーデタも保守的な議会にたいして普通選挙の復活を大義名分とする点で、デモクラシーの側にある。また第二帝政の政治体制は、立法院が男子普通選挙で選ばれ、皇帝は人民投票によって国民にのみ責任を負う点で国民主権の原理に忠実である。これは名望家支配の秩序派を人民から孤立させる効果があった。

しかし、立法院の権限は制限され、立法院選挙では皇帝の官僚である知事の推薦する官選候補者制があり、政府反対派の当選はきわめて困難である。内閣は皇帝が任命し、皇帝にのみ責任を負う。要するに、デモクラシーは権威主義と結びついて、自由を侵害する専制となった。また王政派や共和派の既存名望家は必ずしも政界から退場しない。社会革命をおそれた彼らは国家の骨組みとなる帝国官僚に転向した。

この点を鋭く指摘したのが、自由派であり共和政政府の外相をつとめた同時代人のトクヴィル(一八〇五―五九)である。彼はルイ・ナポレオンのクーデタに抵抗し、デモクラシーが自由を脅かすことを指摘しながらも、ギゾーと違ってデモクラシーが不可避の歴史的趨勢であることを冷静に認識し、近代国家の問題性を考察した。

歴史的にみれば、普通選挙制は、ヨーロッパのなかではフランスで最も早く一八四八年に実現し、その後のフランスの政治体制すべてに踏襲された。さしあたり第二帝政は、政治的デモクラシーが出現した事態に直面した名望家が緊急避難的に逃げ込んだ、名望家国家の亜種なのである。もはや暗黙のコンセンサスをとりつける力を失った名望家は、皇帝の権威のもとに影響力を保持しようとし、名望家支配を自力で掘りくずす力のない民衆は、皇帝の権威でその支配をのぞくことを期待した。

このようにボナパルト体制は矛盾する支持の不確実なバランスの上に成り立っており、その存続は経済生活と国際関係に大きくかかっていた。

### 経済繁栄とパリ改造

一九世紀前半には停滞気味だったヨーロッパ経済は、第三・四半期には大躍進の時期を迎え、イギリスにおくれて緩慢な歩みをとっていたフランスの産業化も、第二帝政下に急速にすすんだ。この国では、自由主義経済思想もあったが、それとならんで復古王政期の先駆的思想家サン-シモン(一七六〇—一八二五)の産業主義理論が影響力をもっていた。それは社会問題の解決を「人による人の支配」にかかわる政治変革ではなく、「物と物との関係」にかかわる社会的再組織化に求める社会理論である。自らその影響をうけたルイ・ナポレオンは銀行家ペレール兄弟やミッシェル・シュヴァリエなどサン-シモン主義者をテクノクラートとして起用し、国家指導の産業化政策を推進した。

その主なものは、旧名望家的なオート・バンクにかわってクレディ・モビリエ、ソシエテ・ジェネラルなどの巨大な投資銀行の設立、その出資による鉄道網の大幅な拡張、都市改造をふくむ大規模な公共事業である。鉄道網は第二帝政下の二〇年以内に約五倍にまで拡大し、これに関連する製鉄業、石炭業、機械工業も急速に発展した。また鉄道網がつくりだす全国市場に刺激されて農業革命がおこった。

公共事業の一つとして有名なのが、パリの都市改造である。一八五三年にパリ県知事となったオースマン男爵は皇帝の信任のもと世論の反対を押し切って、病的なまでの情熱をもってパリの大改造を断行した。古い家は容赦なく取り壊され、あとには直線の大通り、高層の建物、瀟洒《しょうしゃ》な公園がつくられ、市の東西にはヴァンセンヌ、ブーローニュの大緑地が整備された。

パリ改造の目的は一つではない。帝国の首都にふさわしい壮麗な都市をつくろうとの皇帝の願望、大きな社会問題だったコレラなど疫病の蔓延を防ぐための衛生化、交通路の整備、それに失業対策などがあるが、それらとならんで、治安対策もふくまれていた。容易にバリケードを築いて都市騒乱の温床となる伝統的な民衆地域の景状を一掃しようというわけである。たしかに、この狙いはある程度の成果をあげ、市街戦型の都市騒乱はその後激減した。しかし、このため労働者は家賃の上がったパリ中央部に住むことができず、郊外への移住を強いられた。パリをとりまく郊外が、その後、左翼勢力の選挙基盤となる「赤い帯」地帯となったのは、そのためである。

今日のパリの景観はオースマンの都市改造に負うところが大きいが、それだけではない。一八八九年のエッフェル塔建設から現代のセーヌ河岸自動車道路や西部地区開発などまでパリの改造は続いており、そのたびに激しい賛否両論が持ち上がっている。

## 国際関係と帝国の瓦解

ウィーン体制崩壊後のヨーロッパは、軍事的手段に訴えるナショナリズムの交錯によって戦争の時期を迎えた。国際政治の中心的存在となったのは、ナポレオン一世の追憶と結びつき、体制維持にとって国際的威信が決定的に重要な意味をもつナポレオン三世である。そのため、彼は積極的な対外政策を展開して、北アフリカ、東アジアの植民地政策ではほぼ成功をおさめた。

しかしヨーロッパ内ではその対外政策は一貫性を欠いた。クリミア戦争への介入(一八五四―五六)は成功するが、次のイタリア統一戦争(一八五九―六〇)では中途半端な態度のため、イタリア人のみならず国内の共和派とカトリックを反対派にまわす。さらに、そのイタリア政策に不安をもったイギリスを懐柔するため一八六〇年に突如締結した英仏通商条約が、自由貿易に反対する産業界の支持を失わせた。このような国内の支持基盤の変化のなかで、アメリカ大陸への勢力扶植をはかったメキシコ出兵(一八六二―六七)が失敗して、政府の威信は大きく失墜した。

この対処のため、六〇年頃から方向転換がはじまる。その一つは議会の権限強化であり、これにともなって、現実的な政治感覚をもつ新世代の共和派が復活してくる。もう一つは労働者政策の大変更で、それまで禁止していた団結権を認めた。これは共和派と労働者の結合を分断するための懐柔策であったが、プルードン主義の影響の強い労働者はイギリスの労働組合と連絡をとり、国際労働者協会(第一インターナショナル)を結成して、反政府色を強めはじめた。

この変化は「権威帝政」から「自由帝政」への転換といわれる。ナポレオン三世は一八七〇年一月の憲法改正によって議会主義へいっそう傾き、五月の人民投票で信任を得て、成功するかにみえた。おりからドイツ統一のためフランスとの戦争を望むプロイセン宰相ビスマルクの挑発にのって、フランスは一八七〇年七月一九日、プロイセンに宣戦布告した。軍部の弱体を自覚する皇帝は慎重だったが、権威帝政への復帰を夢みる皇后ウージェーヌとその側近が好戦的だったといわれる。

たちまち怒濤《どとう》のように侵入してくるドイツ軍を前にして、ナポレオン三世は病軀《びょうく》にむち打って前線におもむいたが、スダンの戦闘で敗れ、九月二日、一〇万の兵とともに降伏して捕虜となった。九月四日、敗報に怒ったパリ市民は議会に押しかけ、共和政が宣言された。

第 *8* 講

# 共和主義による国民統合

共和国の象徴・マリアンヌの寓意画．グロ画(1794)右手にフリジア帽(自由のシンボル)，左手に水準器(平等のシンボル)をもつ

| | |
|---|---|
| 1870 | 普仏戦争(～71)．共和政宣言．国防政府成立 |
| 1871 | 1.ドイツと休戦条約．2.国民議会選挙．3.パリ民衆蜂起．「パリ・コミューン」宣言．5.政府，ドイツとフランクフルト講和条約締結．パリ・コミューン壊滅 |
| 1873 | 大統領ティエール辞任．後任にマクマオン |
| 1875 | ヴァロン修正案，可決．共和政承認．「1875年憲法」 |
| 1877 | マクマオン，代議院解散．選挙での共和派の勝利 |
| 1879 | マクマオン辞任 |
| 1881 | 出版，集会，教育に関する法公布(～82) |
| 1884 | 清仏戦争(～85) |
| 1886 | ブーランジェ事件(～89) |
| 1887 | 仏領インドシナ連邦成立 |
| 1889 | パリ万国博覧会開催 |
| 1894 | 露仏同盟／ドレフュス，有罪判決 |
| 1895 | CGT結成 |
| 1898 | ゾラ『私は糾弾する』 |
| 1899 | ドレフュス特赦 |
| 1901 | 結社法成立．急進・急進社会党結成 |
| 1904 | 英仏協商 |
| 1905 | 統一社会党結成．政教分離法成立 |
| 1914 | 6/28.サライェヴォ事件．7/23.オーストリア，セルビアへ最後通牒．/25.セルビア，ロシアへ援助要請．/30.ロシア動員令．/31.ドイツ動員令．8/1.ドイツ，ロシアへ宣戦．/1.フランス動員令．/3.ドイツ，フランスへ宣戦．ベルギーへ侵入．/3.フランス，ドイツへ宣戦．/4.イギリス，ドイツへ宣戦 |

### ベル・エポック

一九世紀から二〇世紀への転換期のフランス、とくに一八九〇年代から一九一四年までの時期は「ベル・エポック」(よき時代)と呼ばれる。これは第一次大戦後の荒廃した時期に戦前の時代を懐かしんで生まれた言葉であり、豊かな生活、平穏な社会、爛熟した文化をもつ幸福な時代がイメージされた。

現実には無条件に幸福な時代ではなかったが、このようなイメージを生む何かがこの時期にあったことは、たしかである。この時期は、ヨーロッパ地域世界に国民国家のシステムが確立し、その多くが国外に植民地を拡大し、世界のなかでこの地域が経済的、軍事的、文化的に絶頂期を迎えた「帝国主義」の時代であった。

フランスは普仏戦争の不名誉な敗北とともにこの時代に入るが、そこで成立した第三共和政は、政体としては、フランス革命以来の政治体制で最長の六五年間続いた。なぜ混乱のなかで出発した第三共和政が、このように国民統合に成功したのだろうか。

## 1　第三共和政の成立

パリ・コミューン

第二帝政の突然の崩壊が、第三共和政の誕生に直結するのではない。権力の空白のなかで臨時「国防政府」が共和派によって即席につくられ、戦争の継続を確認するが、九月からドイツ軍のパリ攻囲がはじまると、穏和共和派を主流とする政府は、一八七一年一月二八日、ドイツと休戦した。ついで翌月に国民議会選挙がおこなわれ、和平を望む地方保守派が圧倒的に勝利した。ボルドーで開かれた国民議会で「行政長官」に選出された老練政治家ティエールは、莫大な賠償金とアルザス、ロレーヌの大部分を割譲するという屈辱的な内容をもつ仮条約に調印した。三月一日に仮条約は議会で批准された。

「パリ・コミューン」が発生したのは、この情勢下である。ドイツ軍の攻囲下で民兵(「国民衛兵」)を編成し、鼠まで食べて徹底抗戦の態度を続けていたパリ民衆は、屈辱的和平に納得せず、武装を解かなかった。三月一八日早朝、大砲撤去の奇襲作戦が民衆の抵抗をうけて失敗すると、政府は軍隊とともにパリを放棄してヴェルサイユへ逃避した。パリでは自治機関すなわち「コミューン」の選挙が、有権者の約半分が参加しておこなわれ、三月二八日、「パリ・コミューン」が宣言された。このあと、パリ・コミューンは五月二一日に政府軍が市内に突入するまで二カ月間持ちこたえ、一週間の壮絶な市街戦ののち壊滅した。「血の週間」中に虐殺された市民数は一万五千とも二万五千ともいわれ、虐殺をまぬがれた約四万五千人が四年がかりで軍事法廷で裁かれた。約一万人が有罪となり、死刑二三名、約五千人が強制労働と流刑に処せられた。

パリ・コミューンは史上最初の「社会主義革命」ともいわれるが、ロシア革命以後のそれのように、統制力のある社会主義政治組織が指導する革命ではない。たしかに六四名のコミューン（市議会）・メンバーは当時の言葉では「社会主義者」と呼ばれたが、ジャコバン派、ブランキ派、第一インターナショナル派など諸派の活動家の寄り合いであり、半数以上はジャーナリスト、医師、法律家などの小ブルジョワ知識人からなる。社会主義のヴィジョンについても、ジャコバン系の政治主導主義とプルードン系の労働者自主管理主義との内部対立などもあった。

一言でいえば、パリ・コミューンはたまたま生まれた権力の空白のなかで噴出したパリ民衆の自然発生的な運動であり、その参加者は、初期的な工場労働者は少なく、居住区共同体で結ばれる独立手工業親方や職人的労働者が多い。それは、都市改造をふくむ社会の近代化のなかで疎外され、多大の犠牲を払ってでも自分の生活圏をドイツ軍から防衛しようと決意したにもかかわらず、屈辱的和平で政治家たちに裏切られたと感じた民衆の抵抗である。そして、それに形を与えようとしたのが、第二帝政末期に台頭してきた知識人活動家たちであった。その意味で、それはフランス革命以来の伝統的な都市型民衆反乱と近代的工場労働者運動の接点に位置している。公務員の選挙とリコール制、政治警察と常備軍の廃止、労働者による仕事場の自主管理などのコミューンのプログラムは、いっときの解放感に浸った民衆の願望を集約したものであり、実行する時間もないユートピアに終わった。このリベルテール（絶対自由主義）政治文化は、約一世紀後の「五月革命」に蘇生することになる。

このように、左翼を苛酷に弾圧して圧倒的な右寄りの体制で出発した普仏戦争後のフランスの政治が、共和政に帰着したのは、何故だろうか。

**共和派の勝利**

その第一ステップとなる七五年の憲法成立は、王党派の分裂に原因がある。コミューン征圧後、ティエールの煮え切らない態度を不満とする議会は、七三年に彼を罷免し、ブルボン正統派のマクマオン元帥を大統領に選出して、王政復活の実現をめざした。しかし、伝統的な王政復古を主張する頑迷なブルボン家のシャンボール伯と立憲王政を譲らないオルレアン家のパリ伯との調整がつかないままに、ようやく立ち直った共和派が、法案採決でオルレアン派と共同歩調をとる巧妙な戦術に転換したため、一八七五年一月三〇日、国家元首の選出に関するヴァロン修正案が三五三対三五二の一票差で可決された。この法には「共和国大統領」という言葉が使われている。公権力に関する二月と七月の法とをあわせた三法が第三共和政成立の「一八七五年憲法」と呼ばれるものである。

だが、これは共和派の完全な勝利ではない。この憲法では、代議院は男子普通選挙で選出され、元老院とともに法案の発議権をもつが、両院で選ばれる任期七年の大統領が両院の解散権という強い権限をもっている。そのため、王党派はこの体制をいずれ王政を復活させるまでの時間稼ぎと考えた。事実、七七年五月一六日にマクマオン大統領は穏和共和派のジュール・シモン(一八一四―九六)内閣を罷免し、これに反発する代議院を解散した。第三共和政の最初の危機である。しかし選挙の結果、共和派は過半数を維持し、七九年、マクマオンは辞任した。かわって穏和共和派の大物ジュール・グレヴィ(一八〇七―九一)が大統領になり、議会主義の原則、つまり代議院の多数派が政治の決定権をもち、大統領は名誉的存在にとどまることを確認した。

### 「オポルテュニスト」の共和国

「五月一六日の危機」を乗り切った共和派には、二つの潮流がある。一つは「政府の共和派」と呼ばれる多数派の穏和共和派であり、議会内の他派、とくにオルレアン派と妥協しながら個別問題ごとに漸進的に政策を実現しようとする。もう一つは、元老院の廃止、地方分権、累進課税、国家と教会の分離といった共和主義理念を断固として実現しようとするクレマンソー(一八四一―一九二九)など少数派の「急進派」(ラディコ)であり、多数派を「オポルテュニスト」(ご都合主義者)と揶揄する。

八〇―九〇年代に共和派の主流となったのは、ジュール・フェリー(一八三二―九三)に代表される「オポルテュニスト」たちであり、出版・集会・結社の自由、離婚の合法化、初等教育の無償・義務・世俗化などが実現した。とくに教育政策は、教育を通じて習俗や価値システムを管理する権力をカトリック教会の手から国家が奪うことであり、市民に近代生活に必要な知識・技術を修得させて社会的上昇の機会を増大させると同時に、愛国的な「国民」をつくりだす狙いをもっていた。このため小学校の教室から十字架がはずされ、町の公共広場にはフランス共和国を象徴する「マリアンヌ」の女性像が立てられた。この時期、「ラ・マルセイエーズ」が第一帝政以来ふたたび国歌として復活し(一八七九)、またバスティーユ攻略の「七月一四日」が国祭日となった(一八八〇)のも、同じ意味をもっている。

この政策は当然、王党派や教会との間に摩擦を生まずにはおかなかったが、九〇年代にはローマ教皇も共和派に歩み寄り、「オポルテュニスト」の共和国はその保守性のためにかえって安定し、実績を上げた。しかし、この中途半端な状態が、長く続くことはありえない。

### ブーランジェ事件とドレフュス事件

この時期に二度の大きな政治危機がおこった。

まず、ブーランジェ事件である。一八八六年に陸軍大臣に就任したブーランジェ将軍(一八三七―九一)は、軍部高官にはめずらしく民衆出身の共和派軍人であり、労働者のストライキへの同情的発言やドイツにたいする強硬発言のために民衆に人気があった。これを危険視した政府が翌年彼を罷免すると、ブーランジェは憲法改正のスローガンを掲げて王党派、ボナパルト派、急進派などの反政府勢力を糾合して補欠選挙のたびに立候補して当選し、かつてのルイ・ナポレオンの登場当時と似た情勢になってきた。

しかし、いよいよ八九年一月にクーデタの気運が高まったとき、ブーランジェは愛人ボヌマン夫人の影響もあってかクーデタを断念した。ブーランジェ人気は急速にしぼみ、逮捕をおそれて四月にブリュッセルへ亡命した将軍は、その二年後、病死した愛人のあとを追って、その墓前でピストル自殺した。ブーランジェ事件はこうしてあっけなく終わったが、これによって、微温的なオポルテュニスト共和主義の脆弱性が露呈した。

ブーランジェ事件のあと、オポルテュニストが旧オルレアン派と結ぶ中央右派政治の時代となるが、ここに第二の危機の「ドレフュス事件」がおこった。

発端は陸軍省内のスパイ事件である。ユダヤ人の参謀大尉ドレフュスがドイツへ軍事機密を渡したとして軍法会議で有罪となり、一八九四年に南米の植民地ギアナへ流刑になった。省内で裁判に疑問をもつ動きが出ると、軍の威信が傷つくことをおそれた上層部がこれを圧殺した。だが、一八九八年一月一三日の急進派系新聞『オーロール』に、作家のエミール・ゾラが『私は糾弾する』と題する記事を掲載し、政府・軍部を非難したことから、にわかに「事件」となった。

世論は沸き立ち、つぎつぎに新事実が明らかになってドレフュスの冤罪は明白になったにもかかわらず、政府、軍部は再審を拒否し続けた。ようやく九九年に急進派や社会主義者をふくむ左翼連合を基盤とするヴァルデック＝ルソー内閣が生まれ、再審の軍法会議が開かれたが、なおも軍法会議は減刑しただけで、有罪判決を取り消さなかった。九月に首相のはからいで大統領による恩赦となるが、軍法会議判決が破棄されるのは、やっと一九〇六年の控訴院においてである。

ドレフュス事件は単にナショナリズム、軍国主義、反ユダヤ主義を唱道する右翼の「反ドレフュス派」にたいして、平和主義、反軍国主義、人権尊重を訴える左翼の「ドレフュス派」が勝利したというイデオロギー上の問題ばかりではなく、第三共和政、さらには近代フランスの社会と政治にとって、大きな転換点となった。

ドレフュス事件に勝利したあと、共和主義の担い手がオポルテュニストから急進派に移り、一九〇一年にはそれまで離合集散をくり返していた共和諸派が団結して「急進・急進社会党」(以下「急進社会党」と略)を結成する。これはフランス最初の近代政党であり、以後、第三共和政にとっては中央左派政党として最重要な存在となった。ドレフュス事件の経験から共和主義にとっての最大の脅威がカトリック教会にあると認識した急進社会党は、左翼の支持を得てカトリックにたいする仮借ない戦いを続行し、一九〇四年には教育から修道会の影響力をすべて排除し、〇五年にはついに国家と宗教を完全に分離する「政教分離法」を制定した。これは宗教を否定するのではなく、国家や市民生活の公事に教会の監督行為が介入するのを排する法律である。このためヴァチカンとの外交関係が断絶し、その修復には一九二四年まで待たなければならなかった。

## 2　急進主義の時代

### 共和主義による国民統合

先ほどドレフュス事件が転換点だといったが、それは、これを契機にして共和派による国民統合が達成された、ということである。世界史的にみると、これはきわめて興味深い。というのは、ヨーロッパにおいて国民国家の国家間システムが成立するのは、世界体制の第二段階への転換がほぼ完了して産業社会が確立する一九世紀後半であり、そこにはそれぞれの国家の個性とも呼べるものがみられる。たとえばイギリスのヴィクトリア時代の自由主義、プロイセンのビスマルク時代の権威主義がそれに当たるが、フランスでそれに当たるのが共和主義である(地域世界は別だが、一九世紀後半の日本の「近代天皇制」も、これに該当する)。

そして、その個性とは、支配的な政治文化のことにほかならない。フランス革命の経験のなかから政治文化の諸モデルが生まれ、一九世紀にそれらが競合して政治的不安定が続いていたが、ようやく共和主義の政治文化がヘゲモニーを樹立することによって、はじめてフランスの国民統合が達成され、国民国家の確立をみたのである。

では、なぜこの時期に、それが可能になったのか。またフランスを特徴づける個性としての共和主義の政治文化とは、どのようなものなのか。そこでは社会的条件、統合理念と主体、政治構造の三要因が相互に関連している。

### 産業社会の確立——新中間層

第一の要因としては、産業化にともなう社会層の変容がある。一九世紀後半のヨーロッパ経済は一八七三年以降の不況期のあと、九〇年代中頃から一九二九年の世界恐慌まで続く長い好況期に入った。その原因にはヨーロッパ先進工業諸国で産業化が進展するほかに、アメリカ・日本など非ヨーロッパ地域からの参入による世界経済の拡大がある。すでに第二帝政下に産業化が加速していたフランスでも、いよいよ産業社会の時代に入った。パリのボン・マルシェ(一八五二年創立)をはじめとする百貨店の普及は、定価つきの商品陳列という新商法で消費水準を高め、一八八九年のパリ万国博覧会のときに立てられたエッフェル塔は鉄工業時代の到来を象徴していた。

この産業化の社会的結果については、中間層がブルジョワとプロレタリアに分解して消滅するという階級分解論がある。それは一面において真実であり、だからこそ一九世紀にさまざまの社会主義思想が登場してくるのだが、それと同時に、中間層は簡単には消滅せず、むしろ増える傾向すらある。中間層の代表である農民は長期的にみれば脱農民化して都市労働力になるが、短期的には保護関税に守られて社会的安定の維持要因となり、一九一一年には依然として人口の五六パーセントを占めている。都市手工業者も技術革命で独立を脅かされ、工場労働者に転落するが、産業化はまた一部の熟練職人を半独立の工場熟練工として存続させる構造をもっている。そのうえ、産業化によって第三セクターが発達し、多様な職業からなる「新中間層」が増大する。その上層はマネージャー、上級管理職、自由職業人としてエリート層に参入し、ベル・エポックを最も享受する社会集団となるが、その下にさまざまな中下層の新中間層が大量に生まれる。彼らは収入が低くとも非肉体労働者（ホワイトカラー）であり、旧中間層とは異なる生活スタイルと心性をもっている。

要するに、産業化はたしかに一方では旧中間層を減少させると同時に、他方ではあらたに新中間層を創り出すという二面性をもっており、その結果、新旧さまざまなタイプの非均質的な広範な中間層が生まれる。彼らは大企業との競争に脅かされる弱い立場を自覚するが、その対応策として、革命によって社会主義社会を実現するか、あるいは個人の努力によって社会的上昇をとげるかの二つの選択肢がある。前者の道は社会主義組織がまだ弱く、リスクが大きい。後者の道はリスクはないが、個人の努力だけでは覚束なく、国家の支援を必要とする。この後者の道に展望を与えるのが、新しい共和主義であり、その意味でその登場は時宜を得ていた。

共和主義の理念的源泉はフランス革命期の人権宣言にあり、自由、平等の二つの自然権が核心となる。そのため四八年の共和派は、普通選挙に基づく代表制議会主義というリベラル・デモクラシーの政治体制を採用した。だが、その結果はまったく予想を裏切ったため、幻滅した共和派は方向を見失い、王政派あるいは社会主義者に吸収された。

しかし六〇年代以降の共和派は、四〇年代のロマン主義者と違って科学や進歩への信頼をもつ実証主義哲学（ポジティヴィスム）の世代であり、産業化にともなう社会的変化を視野に入れて、中間層に着目する。共和派新世代の理念的推進者となったガンベッタ（一八三八―八二）は、産業化の社会的結果を「新しい社会諸階層」の成立ととらえる。それは特権層と貧困層の中間にある階層だが、サン－シモン主義の系譜をひくガンベッタは大企業ブルジョワから労働者、農民までをふくむ「勤労者」としてこれをとらえ、これを所有によって個人の独立と尊厳が保証されるべき社会の基本的構成員とみなす。それゆえ国家の役割は、人権を尊重し、さりとて社会主義のように所有の否定ではなく、万人が所有にアクセスできるようなチャンスの平等を保証することである。したがって、それを妨げる伝統的権力者や教会の影響力を排し、政治的権利の平等、個人の能力をのばす教育の平等を最重要政策とした。

これは一七八九年のシエイエスを想起させる。彼は特権身分と区別される「第三身分」概念の構築によって、諸階級に分裂した人びとを反社団体制に統合する方向づけに成功した。それと同様に、ガンベッタもまた「勤労的」な新社会層概念の設定によって、王と教会を後見にもつ名望家支配にたいして、転換期の国民統合の方向づけに成功したのである。

彼にとっては、共和主義は王か大統領かという政体の問題ではなく、哲学の問題であり、「共和国」とは自由と平等を総合する価値基準としてのモデルであった。この共和国モデルの形成にとって決定的役割を果たしたのが、国家、官僚、軍隊にたいして個人の人権の擁護運動であるドレフュス事件であり、これを通じて、急進派が共和主義の主流となったのである。

「急進主義」

ドレフュス事件は、政治のスタイルに大変化をおこした。「ドレフュス派」として各地で出版活動や街頭デモをおこなったのは、地方の都市・農村のローカルな市民団体であり、主に教師、医者、法律家、職人、小売業者など小ブルジョワによって形成されていた。これは一八世紀以来の市民的公共圏の伝統を継承する自発的組織であり、一九世紀末の出版の発達や識字率の向上をふまえて、「公論」の世界が限られたエリートから裾野《すその》を拡げたことを示している。そして、一九〇一年の結社法によって政党の設立が可能になると、それまで議員の小グループからなっていた急進派は、いちはやく同年六月に「急進・急進社会党」を結成した。こうして、組織的党活動によって無名の新人を政治世界におくり出すことを可能とし、中間層の要望に応えたのである。この政治スタイルの構造的変化は、「財産と見識」を基礎にして「顔」と「影響力」で成り立つ名望家政治にかわって、組織とプロパガンダに頼る大衆政治時代が到来したことを告げるものである。

大衆政治時代の到来は、フランスに限らず世紀末のヨーロッパ先進国に共通してみられるが、急進主義を支配的政治文化としてこの移行をとげたことが、フランスの政治に独自の性格を与えている。急進主義は、名望家体制の議会主義を継承する点でリベラルであり、個人の人権尊重の点でデモクラティックであるが、個人主義的傾向が強く、社会主義の「階級」概念を退けた。そのため党による議員活動への拘束性が弱く、個々の議員は地元の利害、個人信条、人脈に左右され、組織政党としての求心力に欠ける。また、このため急進党内閣は常に多数派工作の必要に迫られ、一八七〇年から一九一四年までの四五年間に六〇の内閣が生まれている。しかし、この政局の不安定にもかかわらず政治体制が安定していたのは、共和主義へのコンセンサスが生まれていたからであった。

### 左右からの挑戦

急進社会党は左右両翼からの挑戦にさらされていた。

パリ・コミューンの打撃からようやく立ち直りながらも小集団に分裂していた社会主義者は、独立社会主義者ジャン・ジョレス(一八五九―一九一四)の努力によって一九〇五年に合同して統一の「社会党」を結成した。彼らは急進社会党にたいして、政教分離問題にけりをつけたいま社会問題に真剣に取り組むよう非難する。社会党はドイツ社会民主党を中心にして一八八九年に結成された第二インターナショナルに加盟し(社会党の正式名称は「労働者インターナショナル・フランス支部（ＳＦＩＯ）」）、その党員数は急速に増加しているが、内部ではイデオロギーの不統一が強い。フランスの社会主義者の特徴は、たとえばドイツ社会民主党のように「帝国主義」の理論的問題、あるいはイギリス労働党のように具体的な社会改革問題よりは、国家、国有化、国際連帯の問題に関心をむけた。

一方、労働者の間にはプルードン主義の影響でアナーキズム的思考が強く、議会主義政党に傾いた社会党に不満な労働者たちは一八九五年に「労働総同盟」（ＣＧＴ）を結成した。総同盟は一九〇六年のアミアン大会で「アミアン憲章」を採択し、労働者の解放は国家に頼らず、ストライキなどの直接行動を手段として労働者自身によって実現するという「革命的サンディカリスム」の道を選んだ。これは社会主義政党に指導されるドイツの労働組合とも、社会主義政党から独立しながらも改良主義をとるイギリス労働組合とも異なる独自の路線であった。

ほぼ同時に、右翼の間にも新世代が登場している。その代表的なものがシャルル・モーラスを理論的指導者として一八九八年に創設された「アクション・フランセーズ」であり、旧右翼の王政主義にナショナリズムを接《つ》ぎ木した。彼らによれば、フランス革命がアトム化した個人あるいは階級をつくりだすことによって祖国を駄目にしたのであり、自由主義、社会主義の双方を排撃してナショナリズム、人種主義、反議会主義をそのスローガンとした。知識人の賛同者を多くもち、都市小ブルジョワを支持基盤とし、暴力的な行動力を備えていた。

戦争の問題が持ち上がったのは、このような政治勢力の配置のなかである。

## 3 戦争への道

**帝国主義**

フランスの海外植民地は一九世紀前半まではイギリス、スペインにくらべて小さい。アンシアン・レジームから引き継いだ西インド諸島や若干の貿易拠点のほか、一八三〇年から征服のはじまったアルジェリアがあるが、一貫した植民地戦略はない。第二帝政になると、国威をかけた海外進出が中東やアジアではじまるが、まだ海外植民地への世論は積極的ではなく、政治家、官僚、ジャーナリストからなる植民地推進のロビーが宣伝活動を積極的に展開するのは、第三共和政下の八〇年代からである。広大なアフリカの植民地を獲得したのはこの時期であり、東南アジアでも、清仏戦争(一八八四―八五)をへて八七年に仏領インドシナが生まれた。

「帝国主義」出現の経済的要因としては、フランスではイギリスと違って製品輸出よりは資本輸出が主だといわれるが、その輸出先は全植民地をあわせてもロシア一国向けよりも少ない。その反面、国内の社会的矛盾を国外への膨張主義によってそらす社会帝国主義は、普仏戦争の敗北によって傷つけられた自尊心をいやしたり、外債保有や移民によって小ブルジョワに社会的上昇の機会を約束するなど、フランスでは重要な要因となった。またとくに、植民地化を無知・野蛮な現地人を「文明化」する崇高な使命だという独善的な文化的要因は、海外宣教師の伝統が長く、またフランス革命の人類解放の理念を継承するフランスでは強いとされている。少数の社会主義者による植民地批判にしても、それは軍隊による野蛮な方法についてであって、その「文明化」側面を否定するものではなかった。

ところで、フランスの膨張政策は、アルザス・ロレーヌ問題からフランス国民の眼をそらしてくれるものとしてビスマルクの歓迎するところだったが、ビスマルクの失脚(一八九〇)ののち、ドイツ皇帝ヴィルヘルム二世が積極的な膨張政策に転ずるにおよんで、国際関係が緊迫した。まず、バルカン問題をめぐるドイツとオーストリアの接近を警戒する露仏同盟(一八九四)。ついで、ドイツの海軍拡張政策に不安をもつイギリスとの英仏協商(一九〇四)。さらに、日露戦争(一九〇四—〇五)の結果、ロシアにかわって中東におけるドイツの脅威が増したと考えたイギリスの英露協商(一九〇七)。

こうしてビスマルク体制は完全にくずれ、英・仏・露三国がドイツ・オーストリアを包囲する配置となった。ヨーロッパ列強が対抗的な二ブロックに分かれ、国際関係では世界戦争の条件が熟したことになる。では国内的にはどうか。

戦争は国内政治の矛盾を解決する一つの手段である。当時のヨーロッパで、この危険なギャンブルに賭ける状況に追い込まれていた国家は、複雑な民族問題をかかえるオーストリア＝ハンガリー帝国と革命の脅威にさらされていたロシア帝国である。フランスはイギリスとともにその状況から最もまぬがれていた。しかし、そのフランスにおいても戦争を辞さない強硬な外交路線が強まっていた。

### 開戦と「パトリオティズム」

一九〇五年の政教分離を達成したのは急進社会党、社会党など議会の「左翼ブロック」だが、その実現によって「左翼ブロック」の存在理由がなくなると、階級対立が全面に出てきた。急進派の領袖《りょうしゅう》クレマンソーが〇六年に首相となり、「虎」の異名にたがわず、各地に頻発するストライキにたいして流血をふくむ苛酷な弾圧をして〇九年に辞任したあとは、急進社会党は無原則なオポルテュニスト政治に逆戻りして、「左翼ブロック」は冷却した。ついで、対独強硬派で鳴らしたロレーヌ出身の穏和共和派レモン・ポワンカレ(一八六〇―一九三四)が、議会右派の支持で大統領に選出され(一九一三)、政治の主要問題が国防問題に移った。

国防に関するフランスの世論は、右翼、左翼、極左翼に分かれている。かつて植民地主義がアルザス、ロレーヌから国民の眼をそらさせるとしてこれに反対した右翼ナショナリストは、ドイツが植民地政策をとりはじめてからは植民地主義者となり、好戦的である。その対極には、「祖国」よりは「階級」を優先させる反戦主義の極左派がいるが、社会主義内部の少数派にとどまっている。

　議会で無視できない力をもつ社会党や急進社会党など左翼は反戦的であり、とくに労働者や社会主義者の間にはゼネストに訴えても戦争を阻止する考えが生まれた。一九〇七年の第二インターナショナル・シュトゥットガルト大会では、ジョレスは戦争にたいしてはゼネストをふくむあらゆる手段によって阻止すると、明言した。それにもかかわらず、彼らは戦争阻止の具体的な行動に出ることもなく、いざ開戦になると祖国防衛の挙国一致内閣に参加する。

　この行動は、社会主義者に戦争必至の認識がなかったことにもよるが、もっと深い理由は、「パトリオティズム」(祖国愛)の観念にある。すなわち、第三共和政下のフランス社会主義者は、彼らの階級的理念に応えるには共和国の現状はまだ不十分とはいえ、すでにいくつかの達成成果があり、したがって、この「祖国」は非民主的なドイツ帝国の攻撃から守るに値する、と考えた。フランスと同様な態度をとったドイツの社会主義者も同じ論理で、ドイツは最も野蛮な専制国家ロシアから守るに値する「祖国」だ、と考えたのである。

　オーストリア皇太子夫妻がセルビアのナショナリストに暗殺されるサライェヴォ事件がおこったのは、一九一四年六月二八日である。一カ月近く後の七月二三日にオーストリアがセルビアに最後通牒を発し、そこから開戦の歯車が働きはじめる(年表参照)。フランスの参戦は八月三日である。

この間、すべての関係国が世界戦争を予想していなかった。開戦の歯車を発動させたドイツすらイギリスの参戦を予想していない。フランスでは、中間階級がヴァカンスを楽しんでいた。そして、戦争がおこると、人びとはさほどの熱狂なしにそれを受け入れ、すべての国が、この戦争がこれまでと同様に数カ月で終わるだろう、と考えた。

# 第 *9* 講
# 危機の時代

連合軍のノルマンディ上陸後，バイユーの町に入るドゴール将軍（1944 年 6 月 18 日）

| | |
|---|---|
| 1914 | 9. マルヌの戦い |
| 1916 | 2～12. ヴェルダンの戦い |
| 1917 | 4. アメリカ参戦. 11. クレマンソー内閣成立. ロシア, 10 月革命 |
| 1919 | 3. 第 3 インターナショナル(コミンテルン)設立. 6. ヴェルサイユ条約 |
| 1920 | 12. 社会党トゥール大会 |
| 1923 | 1. ルール占領 |
| 1925 | 12. ロカルノ条約 |
| 1933 | 1. ヒトラー, ドイツ首相に就任 |
| 1934 | 2.「二月六日事件」. 8. ヒトラー, 総統就任 |
| 1936 | 6. 第 1 次ブルーム人民戦線内閣成立. 7. スペイン内戦勃発 |
| 1937 | 6. ブルーム内閣総辞職 |
| 1938 | 3. 第 2 次ブルーム人民戦線内閣成立. 4. 第 3 次ダラディエ内閣成立. 9. ミュンヘン協定締結. 11. 人民戦線解体 |
| 1939 | 3. スペイン内戦終了. 8. 独ソ不可侵条約締結. 9. ドイツに宣戦 |
| 1940 | 5. ドイツ, フランス攻撃開始. 6. パリ陥落. ドゴール将軍, イギリスから抗戦継続訴え. ペタン内閣, 休戦協定締結. 7. ヴィシー政府成立. ペタン, 国家主席に就任. 9. 日本軍, 仏領インドシナ北部に進駐 |
| 1941 | 6. 独ソ戦開始. 12. 太平洋戦争開始 |
| 1942 | 11. 連合軍, 北アフリカ上陸 |
| 1943 | 5.「レジスタンス国民会議」結成. 9. イタリア降伏 |
| 1944 | 6. 連合軍, ノルマンディ上陸. 8. パリ解放 |

二度の世界戦争をふくむ二〇世紀前半は、ヨーロッパにとって覇権時代に決定的な終止符を打つ危機の時代であった。そのなかにあってフランスは、前世紀末にようやく確立した「共和国モデル」が重大な試練にさらされることになる。

世界戦争の時代

## 1　第一次世界大戦と戦後二〇年代

全体戦争

フランス国民の大部分は一九一四年八月一日の総動員令を冷静に受け止め、戦争を支持した。侵略的なドイツからアルザス、ロレーヌを奪還する戦争目的を納得し、正義がわが方にあることを疑わなかった。八月四日の議会は、ヴィヴィアニ首相に戦争遂行のための「神聖な連合」、つまり全権委任の挙国一致体制を承認し、新内閣に社会党からゲードとサンバの二名が入閣した。

しかし、戦争はまったく予想を裏切った様相を呈する。はじめに西部戦線でフランスを倒し、ついで東部戦線でロシアをたたく戦略を立てたドイツは、ベルギーを侵犯して一気にフランス北部に侵攻したが、九月のマルヌの戦いで前進がくいとめられ、これ以後、戦線は完全な膠着《こうちゃく》状態に入った。

　ドイツ軍と英仏軍の双方は、血と泥とシラミの塹壕《ざんごう》生活に耐えながら対峙し、人命と弾薬の消耗戦が四年続いた。戦争の長期化につれて、計画生産、労働者の徴用、生活物資の配給制など国家干渉型の戦時経済に変わり、非戦闘員を巻き込む新しい「全体戦争」の姿が生まれてくる。政治の大衆化の時代に、戦争もまた国民総力戦となったのである。

　一九一七年に入ると、厭戦気分が広まり、前線での兵士の出撃拒否、工場での労働者のストライキが増し、社会党内でも政府に批判的な中央派がしだいに力を得て、「神聖連合」は崩壊した。この困難な状況下に、七六歳でふたたび首相となった老「虎」クレマンソーは、戦争貫徹の決意を議会で明言して信任を得、かろうじて態勢を立て直した。

　状況はよくなかった。アメリカ合衆国は四月にようやく参戦したが、まだ派遣軍は十分に到着せず、一一月に政権をとったロシアのボルシェヴィキ政権は翌一八年三月にドイツとブレスト－リトフスク条約を結んで、戦列から離脱してしまった。このため東部戦線から兵を移動させたドイツ軍は、アメリカ軍の増強前を狙って一八年春から必死の大攻勢をくり返すが、英仏軍はペタン総司令官(一八五六―一九五一)のもとによくこれを耐え、反撃に成功した。ついにドイツは休戦を提案し、一一月一一日、パリ北方コンピエーニュの森で休戦協定が調印された。

戦争は、それまでのヨーロッパ戦争史上空前の犠牲者を出した。フランス軍の死亡・行方不明者は、ある統計によれば約一四〇万人であり、ドイツは約一八〇万人、イギリスは約九〇万人。ちなみに、普仏戦争の死者は、双方あわせておそらく一五万人にすぎない。

また国民を総動員する全体戦争の経験は、国民の一部に第三共和政の「共和国モデル」、すなわち国家の役割を抑制するリベラル・デモクラシーの有効性について疑念を抱かせた。しかし、莫大な人的・物的被害を出してようやく勝利を手にしたフランスでは、あらゆる点で戦前への復帰願望が支配した。この懐古的な願望が「ベル・エポック」の観念を生み出したのである。

ヴェルサイユ条約

和平会議では、イギリスはドイツとの経済関係を考慮し、またフランスの強大化を警戒して、あまりに苛酷な講和条件を手控えようとした。また、理想主義者のアメリカ大統領ウィルソンは公正な和平を提案し、国際連盟の管理する新しい国際秩序をつくろうとした。それにたいして、フランスは旧国際秩序への復帰を目指し、国家利害をむきだしにして戦後処理にのぞんだ。一九一九年六月二八日、ヴェルサイユ宮殿の鏡の間で調印されたドイツに関する条約は、フランスにとっては「復讐」にほかならない。ドイツをできるだけ弱体化させて、自国の威信を回復し、将来の安全を保障するのが目的であった。そのため、アルザス、ロレーヌの返還のほかライン左岸の非武装地帯の設定、ドイツ軍備の削減、莫大な賠償金支払いを獲得した。他方、ウィルソンと国際連盟に期待したドイツは、苛酷な条約に深い恨みを抱いた。

二〇年代のフランスは、安全保障と経済再建の二つの戦後処理問題を何とか片づけて、外見的には戦争の痛手から立ち直ったかにみえる。

## 戦後処理と中道政治

安全保障問題は賠償問題と絡んでいる。ドイツの賠償支払いに不信を抱いたポワンカレ首相は、二三年にドイツの工業地帯ルールの軍事占領という強硬手段に出るが、国際的に孤立したため、アメリカの銀行家ドーズを委員長とする国際委員会の調停案を受け入れて、ルールから撤兵した。ドーズ調停は当面のドイツの賠償支払い額を低くしたため、結果的にドイツの成功であり、これ以後、ドイツ経済は急速に復興した。ドーズ案は三〇年のヤング案でさらに縮小され、やがて世界恐慌のため賠償支払いは廃止される。

軍事的手段を封じられたフランスは、外交による安全保障の道を求め、それが二五年一二月のロカルノ条約である。これにより、独仏国境の不可侵がフランス・ドイツ・イギリス・イタリア・ベルギー五カ国によって保障された。翌年にはドイツが国際連盟に加入し、ようやくフランスの対独警戒心は緩和され、戦争が遠のいた感覚をもつことができた。

戦後の経済再建も、統制経済が廃止され、二〇年代の好況のため急速に進行した。とくに電気、自動車、航空機の新興部門が発展し、産業化がすすんだ。最大懸案であった財政危機も、フラン切り下げによって好転した。

二〇年代の国内政治の重大な変化は、なんといっても共産党の出現だが、これはすぐあとにまとめて述べることにして、一般的な勢力配置をみると、まず「右派」として、オポルテュニストの系譜をひく保守共和派がおり、組織的政党の機構がなく、現状維持色が強い。その右にいるのが「アクシヨン・フランセーズ」などの「極右」のナショナリスト団体で、政治勢力としては弱い。「左派」としては社会党がおり、「極左」に共産党がいる。「中間」に位置するのが最大政党の急進社会党であり、個別の問題について右派と左派に分かれる。急進社会党が保守共和派と大きく異なる点は、反教権主義と累進課税主義である。

大まかにいうと、当時のフランスの政治は、急進社会党が常に中心にいて、保守共和派が与党に加わると「中道右派」、社会党が政府支持のときは「中道左派」となった。極右と極左は常に排除される。こうして内閣が頻繁に変わる不安定さにもかかわらず、同じ顔ぶれが何度も大臣となって中道政治の枠組みは変わらないという、政治のマンネリ化が続いた。

## 2　三〇年代の実験

### 共産党の成立

第一次大戦を契機とする国際関係の最大の変化は、アメリカ合衆国の経済発展と、ロシアにおけるボルシェヴィキ政権の誕生である。前者の影響は時とともにしだいに明らかになってきたが、後者のそれはすぐさまあらわれた。

ボルシェヴィキ政権の存続が西欧先進国でも社会主義政権が成立しないと不可能だと考えたレーニンは、一九年三月に「第三インターナショナル」(「コミンテルン」)をモスクワに設立し、各国社会主義政党に加盟を呼びかけた。その加盟条件としては、内部から改良派を排除して鉄の規律を確立し、モスクワの指導部の決定に厳格に従うことが要求された。ほとんどの国では少数派だけが党から分離して加盟し「共産党」を名乗ったが、フランスでは二〇年一二月の社会党トゥール大会で加盟派が多数を占め、「フランス共産党」を結成した。少数派になった有力党員のレオン・ブルーム(一八七二―一九五〇)は、加盟条件のすべてがフランス社会主義の伝統に反する点を反対理由に挙げた。にもかかわらず圧倒的多数が加盟に賛成したのは、社会党が前年の選挙で敗北したため議会制民主主義への失望、また同年のCGTの鉄道ストライキが失敗したため従来のサンディカリスムへの疑念という状況的な理由とならんで、ロシア革命の成功が世界革命間近しとの幻想を抱かせたからだった。社会党の分裂に続いて、ＣＧＴも分裂した。

しかし、二一年のドイツの革命運動の退潮、ソ連の革命防衛的態度への傾斜は世界革命への希望を失わせ、フランス共産党の内部から脱党者が続出した。しかもコミンテルンの方針は、党勢拡大よりはきたるべき革命に備える前衛分子を確保することにあったから、他の社会主義者を「改良主義者」として攻撃するセクト主義に傾き、共産党の議席は減少していった。

他方、少数派として社会党にとどまった人びとは、ボルシェヴィズムへの失望者を受け入れて「古い家」を守った。ブルームもまたマルクス主義者であり、社会主義への移行段階として一種の「プロレタリア独裁」を認めてはいたが、「ブルジョワ・デモクラシー」の条件がある限りは、できるだけ合法活動によって社会改良を達成することを主張した。社会党は共産党とは逆に、消長はあったが党勢をのばした。しかし、選挙で党勢をのばすためには、労働者だけでなく公務員、小企業者、農民など中間層に基盤を拡大する必要があり、かつての急進社会党との違いが曖昧にならざるをえない。このため共産党は社会党を「社会ファシスト」と攻撃し、社会党は共産党を「モスクワの手先」とやり返し、社会主義政党と労働組合はどちらも完全に分裂した。

要するに共産党と社会党との態度の違いは、革命の切迫度についての情勢判断と、西欧社会主義政党がおかれている条件がロシアと異なるか否かの認識にかかっていた。こうして、社会主義実現をめぐって、ソヴィエト型(共産主義)と西欧型(社会民主主義)との対立構図ができた。この時点での「共産主義」とは、所有制度や経済制度に関する理論というよりは、むしろ、その国家の支配的な政治文化にたいする対抗文化(カウンターカルチュア)の意味を強くもっている。フランスでは、それはリベラル・デモクラシーの対抗文化であり、たとえば同時期に生まれた日本共産党の場合には、それは近代天皇制の対抗文化であった。

### 世界恐慌と「二月六日事件」

二〇年代の状況を変えたのが、二九年にニューヨークのウォール街ではじまる世界恐慌である。自己金融型の企業が多く、フランの安定していたフランスでは、その影響は三一年頃から出はじめ、三八年まで続いた。これは労働者はもちろん、共和国モデルの中心的社会基盤をなす公務員、農民、都市中間層の間にも、将来への不安を拡げた。一方、三二年の選挙では「左翼カルテル」が勝利し、中道左派の急進社会党内閣が成立するが、有効な対策を出さぬままに短命内閣の交代が続いた。

この情勢下で「二月六日事件」がおこった。三四年二月六日、パリで極右諸団体の大規模な反議会主義的デモがあり、ダラディエ内閣が責任をとって辞任する事件である。左翼の世論はこれを「ファシストの政権奪取行動」と受け取った。しかし、今日の研究では、当日の彼らの行動目的はパレ・ドゥ・ブルボン(代議院)の占拠ではなく、ダラディエ急進社会党内閣を、その閣僚がかかわる詐欺事件(「スタヴィスキ事件」)を材料にして揺さぶることに限定されており、その目的を達した、とされている。

また、当日の諸団体が「ファシスト」か否かについては、今日でも議論が分かれている。フランスの歴史家の多くは、もし「ファシズム」のイデオロギーが反資本主義性をもち、組織が大衆性を帯びるとすれば、「アクシヨン・フランセーズ」「クロワ・ドゥ・フー」などフランスの代表的極右団体の多くは、「ファシスト」というよりは、むしろ王政主義またはボナパルト主義などの伝統右翼に近いとみなしている。

したがって「二月六日事件」の歴史的意味は、その汚職体質のため極右勢力によって「左翼ブロック」のうち最も弱体な部分とみなされた急進社会党が、それまで第三共和政の中心的役割を果たしてきた政治的リーダーシップを喪失したことを露呈したところにあった。

これは、幾度もくり返される単なる政治ブロックの交代劇の一つではなかった。

### 「三〇年代の精神」

この時期、第三共和政を支えてきた「共和国モデル」を否定する極右団体が増加するだけでなく、既存政治組織のなかにも、新しい世代による「三〇年代の精神」ともいうべき刷新気運が芽生えていた。

まず急進社会党の内部では、ピエール・マンデス-フランス(一九〇七―八二)などをふくむ「青年トルコ」と称する若手集団が生まれ、旧世代の妥協的政治手法にかわるものを模索しはじめ、一部は極右団体に走った。社会党のなかでは、右派からはデアが離脱して極右的な「ネオ社会主義」を唱える一方、「プラニスト」と呼ばれる統制経済への改革案を提唱する若い世代の理論集団が生まれた。のちの構造主義人類学者クロード・レヴィ-ストロースもその一人である。共産党は、資本主義の「相対的安定期」が終わったと判断したコミンテルンの方針に従い、二八年から一段とセクト主義を強めた「階級対階級」路線をとって議席を減らした。だが、党内実力者のドリオが「階級対階級」路線を批判し、コミンテルンの統制からしだいに離反しはじめた。

このように第三共和政の伝統政治からの脱却が模索されはじめた時期、「二月六日事件」を多くの人びとがファシズムの脅威と感じたことは自然である。その後のヒトラーの総統就任(三四年八月)、再軍備宣言(三五年三月)と続く国際情勢とこれに呼応する極右団体の活動が、ますますこの危惧を強めた。

### 「人民戦線」の成立

「人民戦線」とは、一九三四年七月の共産党の提唱による社会党との反ファシズム統一行動にはじまる。三五年七月には共産党が提唱する「人民連合」(「人民戦線」の正式名称)に急進社会党も参加し、翌年春の選挙に「人民連合」ブロックが勝利して、六月のブルーム首班のいわゆる「人民戦線」内閣の誕生にいたる。したがって、それは一面ではそれまでの選挙ブロックの延長だが、共産党がブロックに加わったこと、社会党が内閣に参加したこと、下部組織の突き上げが強いこと、が新しい点である。

もちろん、統一は容易ではなかった。共産党が統一戦線の推進者に大転換したのは、ソ連が三四年五・六月にナチス・ドイツへの警戒を強め、自国防衛のため反ファシズム闘争を最優先させることに転換したことによる。そのためドリオをフランス共産党から排除して、有能な党官僚のモーリス・トレーズ（一九〇〇―六四）の指導権を高めると同時に、ドリオがとっていた統一戦線方式に転換させた。下部党員や知識人の動向にも敏感なトレーズはこの転換を、フランス革命のジャコバン的解釈、つまり革命と祖国防衛とは一体だという論理でフランス左翼の伝統のなかに引き入れた。

社会党指導部はトレーズの方針転換に戸惑ったが、左派がこれを歓迎し、ブルームもまた、反ファシズム提案の受諾を義務と考えた。急進社会党ははじめ提案を黙殺したが、三五年五月の仏ソ相互援助条約や同月の市町村選挙の経験から、統一に積極的な左派のダラディエ派の力が強まった。

この気運のなかで、他の反ファシズム団体も加わって「人民連合綱領」が三六年一月にようやく作成された。スローガンは「パン・平和・自由」である。そして、三六年春の選挙に「人民連合」は、六一五議席のうち三七六議席を獲得して右派ブロックに勝利した。社会党一四七、急進社会党一〇六、共産党七二、左翼諸派五一である。六月五日、共産党を閣外協力とするブルーム首班内閣が生まれた。

このような選挙は第三共和政における最初の経験であり、多様な受け取り方を生んだ。社会党左派・極左集団にとっては、これは革命であり、「すべてが可能だ」との陶酔的気分を高めた。対照的に急進社会党にとっては、これまでの左翼ブロックの選挙の勝利と変わりはない。中間派のブルームにとっては、「権力の奪取」ではなく、「権力の行使」の実験の機会だった。共産党もこれに近く、階級闘争の一形態にすぎず、その戦術目標は限定されていた。

## 崩壊

他方、労働者の間には「祝祭的」な雰囲気がみなぎり、自然発生的なストライキが全国的に発生した。これを沈静化させることがブルーム内閣の最初の仕事となり、六月七日、首相官邸(オテル・マティニョン)で団体協約の締結、組合結成の自由、賃上げなどの労使間の合意(「マティニョン協定」)がなされ、六月末までに、四〇時間労働制、二週間の有給休暇などが制定された。しかし、ストライキはすぐには沈静化せず、その中止を説得する社会党・共産党の指導部は「裏切り者」と非難された。

しかし、人民戦線は予想もしない事態の発生によって崩壊した。フランスより一足早く人民戦線政府が成立したスペインで、三六年七月にフランコ将軍が反乱をおこしたため、スペイン政府がフランスに武器援助を求めてきた。ブルーム政府は直ちに支援方針を決めたが、イギリスが同調せず、急進社会党が反対した。全面戦争への発展のおそれなどから政府は方針を変更し、八月に各国に訴えて不干渉協定を締結した。しかし、ドイツ・イタリアは反乱軍に公然と武器援助し、三九年三月には反乱軍がマドリードを征圧して内戦は終結した。その間、共産党や極左派が政府の弱腰を攻撃するが、フランス政府の不干渉政策は変わらなかった。

外交で内部に亀裂が生じたブルーム内閣は、財政でも一貫した政策を欠いて失敗し、三七年六月に辞職した。「人民連合綱領」の政策はすでに三六年夏に出尽くしており、ブルームは「実験」の挫折を認めざるをえなかった。このあと、短命内閣が続くがめぼしい成果もなく、三八年一一月に「人民戦線」は名実ともに消滅した。

「人民戦線」は、第三共和政がおちいっていた体制的行き詰まりを、選挙ブロックの次元で脱出をはかったものに終わり、体制刷新の解決ではなかった。たしかに、この時期の刷新にむけた多様な精神の沸騰は貴重な経験ではあったが、当面の関心が国内政治にむけられたため、かえってナチス・ドイツの危険性にたいする物心両面の準備が希薄となった。そのため、ダラディエ内閣はたちまち複雑な国際関係に振り回されることとなった。

## 3　第二次世界大戦

ミュンヘン協定

第一次大戦後にフランスが追求してきた安全保障体制は、ナチス政権の登場以来、ドイツの再軍備宣言(三五)、ロカルノ条約破棄(三六)と破綻していた。そのため、フランスはドイツを東西から包囲する古典的方法にもどり、仏ソ相互援助条約(三五)の締結となっていたが、三八年三月にオーストリアを併合したヒトラーが、さらにフランスと相互援助条約を結ぶチェコスロヴァキアにズデーテン地方の割譲を要求した。このとき、独・英・仏・伊の間でその要求を認めたのが「ミュンヘン協定」である(九月三〇日)。

英仏の意図は、小国チェコスロヴァキアに犠牲を払わせることで全面戦争を回避することにあったが、イギリス首相チェンバレンは、この譲歩によってヒトラーの拡大意図を満足させ、あわよくばヒトラーをソ連にたいする防波堤にしようとした。フランス国内ではヒトラーへの警戒心はイギリスより強かったが、フランスの軍事的な防備力不足を知るダラディエ首相は、ともかくも猶予期間が必要と考えてチェンバレンに従った。ミュンヘンから帰国したダラディエは、戦争を回避した英雄として歓迎されたが、結果的には、ミュンヘン協定は、ヒトラーの意図を読み違えた英仏の外交的失敗であった。

## 開戦から敗北へ

第二次大戦は、前大戦とまったく異なる様相を呈する。三九年九月一日、ドイツ軍がポーランドに侵入し、三日にイギリス、フランスがドイツに宣戦して戦争開始となる（イタリア・アメリカは中立宣言）。三九年秋から四〇年春にかけて、ドイツの軍事行動はポーランド、ついでデンマーク、ノルウェーで展開し、この間、フランス軍は二〇年代から構築しはじめた国境沿いの防衛陣地「マジノ線」の内側にこもって、スポーツ、芝居などで倦怠をいやしながら攻撃を待つ、という「奇妙な戦争」となった。議会内にはまだドイツとの話し合いに期待する有力な平和主義グループがいて、とても挙国一致体制どころではない。反ヒトラーの先頭に立っていた共産党はといえば、青天の霹靂《へきれき》の独ソ不可侵条約の締結で困惑の極に達して分裂し、党としては「スターリンは正しい」とする公式見解をとったため、人民戦線でせっかく高めた信用を一挙に失って、党は非合法化された。

ドイツ軍がオランダ、ベルギー、フランスに一斉攻撃をかけるのは四〇年五月一〇日である。たちまちマジノ線は突破され、六月一四日、無防備都市を宣言したパリにドイツ軍が入城する。フランスの敗北は空軍力の劣位と、「電撃戦」というドイツの戦略にたいする無力に原因があった。六月一〇日には、イタリアもフランスに宣戦する。政府はボルドーに逃れ、副首相ペタン元帥が組閣した新内閣はドイツと休戦協定を結び、六月二九日、中部のリゾート都市ヴィシーに移った。国土はドイツの支配下に入った国境地帯の「留保地区」をのぞき、北部・大西洋岸の「占領地区」とそれ以外の「自由地区」に二分され、自由な往来が禁止された。

ちなみに三七年以来日中戦争の泥沼に入っていた日本は、まだヨーロッパ情勢と深く連携するのには慎重であった。三六年にソ連を仮想敵国とする日独防共協定を結んではいたが、独伊と三国同盟を結ぶのはフランス敗北後の四〇年九月である。その数日前には、仏領インドシナ北部に日本軍が進駐した。

**ヴィシー体制**

ヴィシー政権は一九四〇年七月一〇日、混乱のなかでヴィシーに集められた上下両院の約三分の二の議員がペタン元帥に新憲法公布の全権を与え、その翌日に生まれた政権である。国名が「フランス国」に変わり、国家首席にペタンが就任した。多少の法律上の疑問点はあるが、この混乱期にその合法性を問題にする意見は国内にはほとんどなく、国際的にもイギリスをのぞいて全世界がこれを承認し、アメリカ・ソ連はヴィシーに大使館をおいた。

一〇月になると、ペタンはドイツへの「協力」(コラボラシオン)を表明する。これが戦後問題となるのだが、ヴィシー政府としては、ドイツがやがてイギリスをも征服して勝利をおさめることは確実だと判断し、その将来のヨーロッパ体制のなかでフランスができるだけ有利な位置を占めることを考えたのである。また過酷な休戦条件は、今後まだ交渉の余地があると判断した。これらはすべて誤算だった。ヒトラーとしては、フランス政府が北アフリカに逃れて戦争を継続するのを防ぐことだけが当面の重要事だったようである。

ではヴィシー体制とは何か。前述のように、戦間期にすでに第三共和政の「共和国モデル」への疑念が芽生えていたため、四〇年夏には、敗北の全責任を老朽化した第三共和政の政治体制に帰することが国民大多数の共通の意識となった。そして、不安と困惑のなかで人びとが国家再建の責務をすすんで負った八四歳の「ヴェルダンの英雄」老将ペタンを、「救世主」として受け入れたとしても不思議はない。

「われわれの敗北は、気のゆるみに由来する。犠牲の精神が築き上げたものを、享楽の精神が破壊する」とするペタン元帥は「国民革命」、一口でいえばフランス革命の人権、反教権主義、共和国の原理を否定することを国家の刷新とした。「自由・平等・友愛」にかわって「勤労・家庭・祖国」のスローガンが登場する。これは、フランス革命以来存続し第三共和政下に伏流となった伝統主義であり、ファシズムの特徴である単一政党やポピュリズムの要素を欠いている。

だが、ヴィシー政府に参加したのは極右団体から保守右派の急進派、平和主義者、反議会主義の左派におよぶ多様な分子であり、人民戦線を憎む実業家、戦前に改革案を入れられなかったテクノクラートもふくまれていた。要するに、第三共和政に不満をもつ分子の集合体であって、「国民革命」はその統一的な原理ではなく、政権後期にはファシズム的要素も出てきたとされている。
国民の世論は、戦争の長期化やヒトラーの「協力」要求が苛酷化するにつれて、ヴィシー政権への幻想を捨てはじめたが、国民多数の間でペタン元帥個人への信頼は消えなかったといわれる。またドイツ占領当局も、国民に信望のない積極的対独協力分子に頼るよりは、ペタンを利用してフランス国民を中立化させるほうを選んだ。

**抵抗運動**　ドイツ軍への抵抗運動(レジスタンス)については、運動の指導権と連合国との関係という二つの問題がある。

「抵抗」はロンドンではじまる。陸軍内では異色の存在で右派改革派の国防次官シャルル・ドゴール(一八九〇—一九七〇)将軍が、四〇年六月一七日、休戦に反対してロンドンに脱出し、翌日のBBC放送を通じてフランス国民に、イギリスとともに戦争を継続するアッピールを送った。しかし、その反響はほとんど無く、その組織「自由フランス」は大陸戦線からの脱出兵をふくむ数千人にすぎなかった。ヴィシー政府は彼に死刑の欠席判決を下し、ローズヴェルト大統領は彼を野心的な軍人独裁者とみなして相手にせず、チャーチル首相の態度も曖昧だった。米英はヴィシー政権をふたたび戦列に復帰させる余地を残しておいたのである。孤立したドゴールを勇気づけたのが、本国の抵抗運動だった。
ドゴールのアッピールは海外領土の軍隊にむけたもので、本国内の市民の抵抗運動は予想していなかったが、それは四〇年秋から散発的にはじまり、しだいに拡大してゆく。その発展期には、共産党が独ソ戦の開始によって公然と抵抗運動を開始した四一年六月、ラヴァルが政府主席になり対独協力を強化した四二年春、ドイツへの労働力徴発を拒否した若者が武装抵抗の「マキ」をはじめた四三年春以降の三つの段階があった。レジスタンス参加者の総数は、戦後のフランス政府の公式発表では約四〇万で、うち一〇万が命を失った。

多様な抵抗運動が進展するにつれて、国の内外で主導権をめぐる対立や反発がおこったが、ドゴールの代理でフランスに潜入した元知事ジャン・ムーランの努力で、四三年五月、ドゴールを指導者とする全国統一組織の「レジスタンス国民会議」(ＣＮＲ)が結成され、一応の妥協的解決をみた。

連合国との関係については、四二年秋の連合軍の北アフリカ上陸以後、アメリカが重視する親ヴィシー派のジロー将軍とＣＮＲの支持を背景とするドゴールとが主導権を争い、四三年六月、両名を議長とする「フランス国民解放委員会」(ＣＦＬＮ)がアルジェで結成された。解放委員会は八月に連合国によってようやく正式に承認され、ドゴールがその実権を掌握して臨時政府の性格をととのえたが、ローズヴェルト大統領は、まだこれをフランスの合法政府とはみなさなかった。

### 「解放」

ドゴール、ジロー両将軍の抗争が続く頃、戦局は明らかに連合軍の勝利に傾いていた。ドイツ軍のスターリングラードでの降伏(四三年二月)、北アフリカでの独伊軍の降伏(五月)、米軍のイタリア本土上陸とイタリアの降伏(九月)と続くが、フランスにとって決定的なのは四四年六月六日の連合軍のノルマンディ上陸であり、八月二五日にパリが解放された。この戦争の最終過程の連合軍、ドゴール、共産党の間の戦略合戦だけに触れておこう。

連合軍総司令官アイゼンハウアーは、犠牲の多いパリ攻略を後回しにしてドイツ軍の主力部隊をたたくことを重視する。また何をフランスの正規政府とするかという厄介な問題を後回しにする政治的判断もあった。しかし、レジスタンス組織は解放近しと判断して武装闘争を強め、共産党が強いパリでは八月一九日、レジスタンス民兵が蜂起する。そこでアイゼンハウアーは作戦を変更してドゴール派のルクレール将軍麾下《きか》のフランス軍をパリ攻略にむける。ドゴールもまた、共産党のイニシアティヴを警戒しながらも、フランス人の自力によるパリ解放を望み、ルクレール軍とレジスタンス民兵との協力で八月二五日、パリが解放された。その日午後に「解放」直後のパリに到着したドゴールは、国内レジスタンスの貢献をまったく黙殺し、「自由フランス」が第三共和政を継承する正統性を誇示した。

戦争は翌四五年五月まで続き、ドゴールは最終段階までフランス軍を戦闘に参加させることに固執して、それに成功したが、ヤルタ会談にもポツダム会談にも招かれなかった。

# 第 *10* 講
# 変貌する現代フランス

パリの五月革命(1968年, カルティエ・ラタン)
〔写真提供：AP/WWP〕

| | |
|---|---|
| 1944 | 9. 臨時政府成立(ドゴール主席) |
| 1945 | 11. 三党連立内閣 |
| 1946 | 1. ドゴール辞任. 10. 第四共和政成立. 12. インドシナ戦争勃発(～54) |
| 1947 | 5. 三党連立内閣崩壊(「第三勢力」へ). 7. マーシャル・プラン |
| 1951 | 4.「欧州石炭鉄鋼共同体」調印 |
| 1954 | 5. ディエンービエンーフー陥落. 6. マンデスーフランス内閣. 7. インドシナ停戦協定. 11. アルジェリア戦争勃発 |
| 1958 | 5. アルジェリア反乱. 9. 第五共和政成立. 12. ドゴール, 大統領に選出 |
| 1962 | 3. エヴィアン協定(アルジェリア独立承認). 10. 憲法改正 |
| 1968 | 5. 五月革命 |
| 1969 | 4. ドゴール辞任. 6. ポンピドゥー, 大統領に選出 |
| 1973 | 10. 第1次石油ショック |
| 1974 | 5. ジスカールデスタン, 大統領に選出 |
| 1981 | 5. ミッテラン, 大統領に選出 |
| 1986 | 3. シラク首相に就任. 第1次保革共存(コアビタシオン)政権成立 |
| 1988 | 5. ミッテラン再選 |
| 1989 | 11. ベルリンの壁崩壊 |
| 1992 | 2. マーストリヒト条約調印 |
| 1995 | 5. シラク, 大統領に選出 |
| 2002 | 4. シラク再選 |
| 2003 | 3. イラク戦争 |

## 大きな転換期

いよいよ最終講である。私がはじめてフランスの土を踏んだのは一九六二年の末だが、その年はアルジェリア戦争もようやく終わり、八月にはドゴール大統領暗殺未遂のプティ-クラマール事件があって、パリ市内の要所には小銃を構える武装警官が立っていた。憲法改正をめぐる国民投票で世論は激しく割れ、第五共和政とはいかなる国家なのか、いつまで続きうるのか、意見は分かれていた。

第五共和政は、ドゴールの死後、今日まで約半世紀続いている。発足時の体制への最も精力的な反対者の一人であったミッテランが、約二〇余年後にその共和国大統領に就任すると、当時、誰が予想しただろうか。

いまの時点で考えると、この第五共和政の成立の前後が、フランス史の一つの大きな転換期のはじまりであり、この10講にとっても締めくくりにふさわしい大きな区切りになると思う。

# 1　第四共和政

## 第四共和政の成立——「三党連合」から「第三勢力」へ

フランスの戦後政治の再建は、ドゴールのパリ入城直後から、直ちに着手された。国民議会選挙を兼ねた四五年一〇月の国民投票では、世論が第三共和政の復活を望まないことを示したので、憲法制定をおこなうことになった。ちなみに、女性にはじめて参政権が認められたのは、この選挙のときである。

「フランス国民解放委員会」（CFLN）が名称を変えた臨時政府の主席に指名されたドゴールは、レジスタンス運動に最も英雄的に関与した第一党の共産党、やはりレジスタンスに参加したカトリック民主派を主体とする第二党の「人民共和運動」（MRP）、第三党の社会党の主要三党で連立内閣を組織するが、四六年一月、突如辞任する。かねてから、政党が第三共和政を麻痺させたと考えて議会主義に不信をもつドゴールと、国内レジスタンス運動の担い手となった政治組織との間に溝があったからである。それ以後、政界はドゴール抜きの三党連合体制で運営されるが、四六年一〇月に国民投票で辛うじて可決された第四共和政の憲法は、政党間の妥協の産物であって、第三共和政にくらべて変わりばえがせず、刷新を期待していた国民を失望させた。

しかも共産党が四七年五月から野党となり、また同時期に、ドゴールが「フランス人民連合」(RPF)を創立したため、政府の基盤は「三党連合」から社会党、急進社会党、MRPおよび穏和右翼の小集団を糾合する「第三勢力」へ移行した。こうして、共産党とRPFという強力な勢力を野党としてその左右両側にかかえたことが、第四共和政の構造的な弱点となり、その一二年間に二五もの内閣が交替して、重要問題の解決を先送りにする「事なかれ主義」(イモビリスム)におちいった。

しかし、それにもかかわらず、第四共和政は、中央右派にやや傾斜する「中道政治」をとりながら、アメリカの援助を得て急速な経済復興を達成し、それと同時に、ロベール・シューマンが提唱した「欧州石炭鉄鋼共同体」(CECA、五一年に調印)にみられるように、西欧統合の方向にも成功をおさめた。しかし、「欧州軍」を設置する「欧州防衛共同体」(CED)問題で「第三勢力」の結束力の弱体が露呈する間に、インドシナ問題が急浮上してくる。

その前に、戦後フランスの政治や社会を左右する重要な存在となる共産党について述べておこう。

### 共産党

国内レジスタンス運動の中心勢力となった共産党が、戦後の革命のチャンスを見送って右翼のドゴール政権に協力したのは、亡命先のモスクワから帰国したトレーズ書記長に代表されるソ連の意向によるところが大きい。四五年二月のヤルタ会談で、戦後ヨーロッパの勢力圏配分の了解が、米英とスターリンとの間に生まれていたのである。そこでソ連としては、ドゴールに協力して共産党を入閣させ、英米の影響力をできるだけ抑制することが望ましかった。しかし、四七年三月のいわゆる「トルーマン・ドクトリン」の発表によって、「冷戦」時代の幕開けとなる。六月にはヨーロッパ経済復興援助のマーシャル・プランにたいして、ソ連が各国共産党にその拒否を指令して対抗の態勢を固めたことから、冷戦が本格化する。トレーズはそれまでの内閣協力を「自己批判」し、「アメリカ帝国主義の手先」と徹底的に闘うことを表明する。ここに「解放」期の蜜月が終わり、共産党と他政党、とくに最も近い左翼の社会党との激しい対立がはじまった。

しかし、この孤立にもかかわらず、共産党は五一年、五六年の選挙で第一党であり続け、その後もほぼ二〇パーセント台の得票率を、八一年のミッテラン登場まで保った。冷戦下の西側陣営で共産党がこのような党勢を維持するのはフランス特有の現象なのだが、その原因としては、第一に、レジスタンス運動の中核を担った栄光の遺産があり、第二に、戦後大国のソ連と親密な国際政党であると同時に、労働総同盟(CGT)を基盤とする労働者政党である二重の強みがある。第三に、戦後西欧思想界のなかでマルクス主義が有力な思想体系としての座を占めたが、もともとドイツほどマルクス主義が有力でないフランス思想・文化界で、アラゴン、ピカソ、ジョリオ＝キュリー夫妻、「同伴者」サルトルなど錚々《そうそう》たる知識人たちが知的・文化的な権威を党に与えた、ことなどがあげられる。

共産党の党勢に明白な翳《かげ》りが出はじめるのは、六〇年代の末である。六八年の「五月革命」がマルクス・レーニン主義批判を勢いづかせ、同年八月の「プラハの春」にたいする軍事的抑圧が、ソ連に幻滅しはじめた多くの知識人を共産党からはなれさせた。さらにスターリン時代以来の強制収容所の存在やソ連経済の実態が明らかにされたことが、「モスクワの長女」といわれたフランス共産党に深刻なダメージを与えた。しかし、フランス社会党が労働者にたいして弱い影響力しかなく、またアルジェリア政策を誤ったことが幸いして、共産党はなおもしばらくは力を維持することができた。

だが、フランス共産党の党勢低下の原因には、単にソ連のイメージや社会党の動き以上に、もっと深い社会的な理由があるように思われる。産業化の進展にともなう「消費経済」の出現が従来の「共和国モデル」の基礎を掘りくずし、共産党が体現する社会主義的「対抗文化」のインパクトを減退させたからであるが、これはあとで触れよう。

## インドシナ戦争とマンデス＝フランス

フランスは戦前にインドシナ、北アフリカ、ブラックアフリカに主な植民地をもっており、戦後の政府は、国際政治に発言力を確保するためには、植民地帝国の保持が不可欠だと考えていた。このため、第四共和政憲法では、本国と旧植民地、旧保護領を一体とする「フランス連合」が規定されている。

しかし、各地で独立運動がおこり、とくに日本軍が進駐していたインドシナでは、日本の敗北後にヴェトミン(ヴェトナム独立同盟会)とアメリカの財政支援をうけるフランス軍との戦争が、四六年一二月からはじまる。フランス国民の大多数は、この遠隔地の戦争にそれほど注意をむけていなかったが、五四年五月七日、ディエン－ビエン－フーの陣地が陥落して多数の死傷者と捕虜を出したことに驚愕した。もはやインドシナ問題の軍事的解決は不可能となった。

そこで、急進社会党のマンデス－フランスが組閣を指名され、ジュネーヴにおもむいて七月二一日、電撃的に停戦協定にこぎつける。アメリカと南ヴェトナム政府は協定に調印せず、やがて「ヴェトナム戦争」となってゆくが、フランスはインドシナの植民地を手放した。ついでマンデス－フランスはチュニジアやモロッコにも解決の手がかりをつける。だが、それまで比較的平穏だったアルジェリアで五四年一一月から独立運動の火の手があがると、この対応策を手ぬるいとする「フランスのアルジェリア」死守派に共産党とMRPが同調して、マンデス－フランス内閣は五五年二月に不信任された。

あえて火中の栗を拾ったマンデス－フランスは、孤高の清廉な共和主義政治家として国民の間では人気が高かった。その政治手法は、議会で十分に討議を尽くした上で、政党との取引を拒否して世論に直接に訴え、権威ある政府のもとに敢然と実行するというもので、第四共和政の事なかれ主義にかわる新しい共和国モデルを追求した。この「マンデス主義」(マンディスム)にたいする人気を支えたのは、人民戦線期に生まれ「アルジェリア戦争世代」ともいわれる若者知識人層である。彼らはドレフュス事件からはじまり、反ファシズム、レジスタンスと継承され、急進社会党、社会党、共産党によって担われてきた公認の「左翼文化」とその「共和国モデル」に違和感をもっていた。マンデス主義の挫折は、その異色の手法に不安をもつ既成の政党や利益団体の反発に原因がある。

### アルジェリア問題とドゴールの再登場

アルジェリアは、一八三〇年いらいフランス植民地としての長い歴史をもち、入植者(コロン)も多く、その重要度はインドシナの比ではない。そのため、「アルジェリア民族解放戦線」(FLN)の解放運動が活発になると、なんとしてもアルジェリアだけは手放すまいとする空気が現地にも本国にも強くなった。だが、泥沼化したアルジェリア戦争の財政的、心理的負担は重く、本国世論もようやく独立承認へ傾いた。

ところが、MRPの独立承認派のフリムランの首相就任の信任が議会に問われる一九五八年五月一三日、アルジェで植民地放棄に反対する市民と現地軍上層部が蜂起し、二四日にはパラシュート部隊がコルシカ島を征圧し、さらにパリへ進撃する動きをみせる。蜂起勢力は、一九四六年以来公的生活から引退しているドゴール将軍の再登場を要請し、将軍も政権への意欲を表明する。本国の軍や警察にも、反乱軍に同調する動きが出はじめた。国民の間には、三〇年前のスペインの悪夢がよみがえる。モロッコでクーデタをおこしたフランコ将軍の反乱軍が北上して本国に攻め込み、内戦ののちスペイン共和国の息の根を止めたのである。

混乱と不安のなかで、コティ大統領はドゴールに首相就任を懇請し、六月一日、国民議会は、賛成三二九票、反対二二四票でドゴールの組閣を承認した。ドゴールはアルジェリア問題解決への全権委任と憲法改正の提案権の期限付き権限を議会からとりつけ、まず、憲法改正案を国民投票にかけた。これは圧倒的賛成を得て一〇月五日に公布され、ここに「第五共和政」が発足する。国民投票では、共産党および非共産系の左翼の一部が反対票を投じた。

## 2 第五共和政

### 第五共和政成立の意味

第四共和政から第五共和政への突然の移行を、世論は歓迎した。しかし、これを独裁のはじまりとして警戒する声も知識人の間では少なくなかった。

現代史家セルジュ・ベルスタンは、この政変が一九世紀末の第三共和政成立と同じく、しかし、まったく異なる基礎の上に、一つの社会政治的な複合作用として実現した、という。複合には政治体制、社会的基礎、政治文化の三側面がある。政治体制としては、戦後の国際的地位の低下や、とくにアルジェリア危機にもかかわらず無気力な「事なかれ主義」の現存体制がある。世論はこの体制にあきあきしていた。

社会的基礎、つまり移行の社会的土壌としては、経済学者ジャン・フーラスティエのいう「栄光の三〇年」がある。これは「解放」から第一次石油ショック(七三)までの約三〇年間の驚異的な経済成長をさし、アメリカに対抗するため経済発展を重視したドゴール派の政策に負うところが大きい。この結果、他のヨーロッパ諸国と同様、フランスの経済、社会生活は大きく変貌し、社会階層も変動した。

第8講では、一九世紀の産業化が農村・都市の小生産者を絶滅させず、他方では第三セクターの給与生活者を創り出すため、非均質な中間階級が形成され、それが世紀末の急進主義の社会的土壌になることを述べた。「栄光の三〇年」の急激な経済発展は農民、小売商人など旧中間階級をいよいよ減少させると同時に第三セクターを増加させ、それらを事務系・技術系の「ホワイトカラー」化し、とくに中級管理職など中級給与所得層を厚くする。こうして給与生活者という点では均質的な中間階級が成立する。階級内には所有ではなく収入の規模による階層化があるが、中級の生活スタイルへの同化志向が強く、そのため中高等教育へのアクセス願望がおこる。いまや社会の多数派となったこの中間層が、ドゴール政治がもたらすはずの秩序と繁栄を享受しようと待ちかまえるのである。

最後に、国民の期待がむけられたドゴール主義（ゴーリスム）の政治文化は、制度としての共和政を否定はしない。しかし、そこで重視されるのは強い国家、テクノクラート、ナショナリズム、効率性であり、系譜からいえばボナパルティズムに親近性がある。そのため戦後初期の政界でドゴールは孤立したのだが、第五共和政成立に際しての彼の成功は、首尾一貫した理念よりは緊急事態に対処するプラグマティックな対応に負うところが大きい。その意味で、ドゴールは産業社会からポスト産業社会への移行期に際して政治体制が転換するための、触媒の役割を果たしたのである。

### ドゴールの政治

ドゴールがフランスの政治を支配したのは約一〇年間だが、その政治的達成は次の四点にしぼられる。まずアルジェリア問題については、ドゴールは当初から、内心ではフランスの国力回復のためにはアルジェリア戦争を清算する必要があると考えていたが、「名誉ある清算」の具体策をもっていなかったらしい。そのため曖昧な発言で、アルジェリア死守派に幻想を与えたこともあるが、四年にわたる複雑な経過をへて、結局は反乱軍を切り捨て、一九六二年三月一八日、ＦＬＮとエヴィアン協定を結んでアルジェリア独立を承認した。協定は国民投票で圧倒的な支持を得た。

第二に国家の再編として、議会にたいする大統領の権限を強化した五八年の新憲法があるが、これはドゴールとしては、妥協であり、アルジェリア戦争の解決後、大統領の選出を選挙人団による間接方式から国民による直接選挙方式にかえた。この人民投票は大統領と国民を直結するデモクラシーではあるが、議会の軽視でもあり、大統領制共和国というドゴールの理想とする政治体制の完成である。この改正は六二年一〇月の国民投票で可決され、翌月の総選挙ではドゴール派が大勝した。これがドゴールの絶頂期である。

第三にドゴールの国外政策の基本構想は、アメリカから軍事的に自立すること、そして仏独接近によって米ソにたいするヨーロッパの地位を向上させることにあった。しかし、そのヨーロッパ構想は、超国家的な統合ではなくて「諸国家からなるヨーロッパ」であり、さらにいえばフランスが指導力を発揮するヨーロッパだった。この積極外交は、たしかにフランスの国際的発言力を高める効果はあったが、二つの超大国の間で「第三勢力」をなすにはほど遠かった。

第四に、国内政治の評価は微妙である。国家主導の「指導経済」(ディリジスム)による工業化のため、所得や生活水準は上向きだったが、体制への不満が六八年の「五月革命」で噴出する。ドゴールはこの危機を議会解散の挙に出て乗り切るが、翌年の地方制度と上院改革の国民投票で敗れ、辞任した。

ドゴールの引退以後、ジョルジュ・ポンピドゥー(一九一一―七四、大統領六九―七四)、ヴァレリ・ジスカールデスタン(一九二六―、大統領七四―八一)の二人の大統領が続く。ドゴール側近のポンピドゥーは、個人のカリスマ政治の限界を自覚して、党組織を固め、経済の近代化を重視する。またドゴールが拒否したイギリスのEC加盟を承認して、ヨーロッパ全体の協調へとむかう。ジスカールデスタンはポンピドゥー下に蔵相をつとめた独立共和派であり、ドゴール派のジャック・シラク(一九三二—)を首相にすえて政権に取り込むが、やがて対立し、シラクは保守派の結集をめざす共和国連合(RPR)を、ジスカールデスタンは中道派のフランス民主連合(UDF)をそれぞれ結成する。ジスカールデスタンは新味を出そうと「世界主義」を掲げて、対米対立を緩和し第三世界外交にも力を注ぐが、経済不況のため人気が出ず、基本的にはゴーリスムの域を出なかった。

一九八一年のミッテラン大統領の出現によって、この「ドゴールなきゴーリスム」の時代は幕を閉じた。

## 五月革命

ドゴール体制の問題点を顕示させたのが、一九六八年の「五月革命」である。類似の社会運動が日本をもふくめた工業先進国でほぼ同時におこったが、国によって異なる様相を呈している。最も激しかったフランスでは、学生反乱、労働者争議、政治危機の三局面からなる。第一局面は三月二二日、パリ西郊のパリ大学ナンテール分校の学生による占拠にはじまり、五月初旬からソルボンヌ校のあるパリ中心部のカルティエ・ラタンに舞台が移り、数万人の学生が加わって騒乱状態となる。五月中旬から知識人、政治家、とくに労働者に運動が拡がって第二局面に入り、生産や運輸・サービス部門がストライキのためほとんど麻痺状態となる。政府は学生と労働者を分断するため、五月二七日、労働条件に関する「グルネル協定」をまとめるが、CGTなど大組合幹部の説得にもかかわらず、ストライキは続行する。

　これ以来解決の出口が見失われ、第三局面の政治危機に入るが、行政機構も麻痺しはじめたなかで、ドゴールは議会解散・総選挙の挙に出て、この強気の戦略が成功する。全国のストライキは少しずつおさまり、ソルボンヌの占拠は警察によって解除され、学生やストライキに同情的だった新聞もそれを非難しはじめる。もともと具体的目標を定めずに自然発生した運動が、長びくなかで分裂しエネルギーを枯渇させたのである。六月の選挙はドゴール派が大勝して単独過半数を獲得し、左翼が議席を半減させる。五月革命は、皮肉にもドゴール政権を堅固にしただけで終わった。たしかに、グルネル協定によって、労働者の労働条件は幾分改善されたが、それは「五月革命」に付随した通常の労使紛争の側面であって、この特異な現象の核心的な部分ではない。

「五月革命」が世人を最も戸惑わせたのは、経済が順調に成長を続け物資がみちあふれ、完全雇用が実現している豊かな社会に、なぜ革命が、という疑問だった。しかし、これは「革命」ではなかった。

　事件の発端となった学生層をみると、彼らは戦後のベビー・ブームによる大学生の増加のため、しだいにエリート扱いをされなくなり、経済繁栄のため就職を保証されてはいるが、中級職員として既存の社会秩序のなかにおくり込まれ「資本の番犬」となる運命が待っている。このアンビヴァレントな心性が、高等教育機関は社会の階層秩序を再生産するイデオロギー装置だという批判的な社会学理論で武装した学生活動家の突出的行動によって点火された。ここから、収益主義、生産主義、数量主義への批判となり、また国家はもちろん家族、学校、教会、組合、政党など既存の大機関が抑圧を維持する権威として拒否される。「共和国モデル」も、もはや彼らには魅力がない。「禁ずることを禁ずる」という壁に書かれた落書きの言葉は、その運動の性格を端的に物語っている。

それは具体的目標を設定した「革命」ではなくて、一切の拘束からの解放を夢みる現状への「異議申し立て」であり、部分的改革には関心のない「ユートピア」願望だった。また、それを表現する無軌道な行動スタイルは、消費経済の産物である「若者文化」と無関係ではなく、工場占拠した若者労働者も、学生とともにこの文化を共有していた。それは、あらゆる意味で、「栄光の三〇年」の産物であり、当事者自身がそのユートピア性を自覚する「祭り」であった。「五月革命」は直接的な政治成果をほとんど残さなかったが、社会、文化の深部で大きな変化を残した。

## 3　ポスト・ゴーリスムの現在

### ゴーリスム時代以後の新事態

ゴーリスムの時代以後、フランスのおかれた環境は激変した。まず国際情勢では、ベルリンの壁の開放に続くドイツの統一(九〇)やソ連邦の消滅(九一)によって冷戦構造が急速に解体し、国際政治におけるアメリカの単独覇権が顕著となった。それと同時に、ヨーロッパ統合の気運もすすみ、マーストリヒト条約調印(九二)、共通通貨ユーロの流通(九九)、ヨーロッパ連合(EU)の東方への拡大と展開する。このヨーロッパ統合の方向は、ドゴールの構想からはそれてきている。また、経済的グローバル化もますます進展するが、この分野でも、ゴーリスムの「指導経済」は後退して、米英の市場経済モデルに接近しつつある。この大きな変化のなかで、フランスが第二次大戦前まで占めていた国際的位置は、政治的にはもちろん、国際語としてのフランス語の影響力にもみられるように、文化的にも低下した。

国内的には、七三年の第一次石油ショックにより「栄光の三〇年」の経済成長が終わり、長期的な失業問題がはじまった。しかし、消費経済への移行や都市化などの長期的な社会的変容は依然として進行し、社会層の給与生活者としての均質化はますます進捗する。人びとは生活レベルの向上と快適さへの願望を絶えず刺激され、安易な信用制度の発達がそれを促進する。それにともなって、これまで美徳とされた質素や節約は見捨てられ、物質的欲望の追求が肯定される。こうして、ドレフュス事件以来レジスタンスまで、共和国モデルの基礎をなしてきた公正、自己犠牲、連帯などの価値に、効率、安泰がとってかわる。家族をはじめ、教会、学校、労働組合、政党など既存の大機関の権威が失墜し、従来の社会的、政治的紛争の争点がその重みを低下し、時には消滅さえする。フランス共産党が退潮の試練に見舞われている点では、皮肉にも、教会と軌を一にしているのである。

## 共和国モデルの再構築——国民国家の再検討

八〇年代以後、フランソワ・ミッテラン(一九一六—九六、大統領八一—九五)、ついでジャック・シラク(一九三二—、大統領九五—)の二人が大統領に選ばれた。旧ドゴール派のシラクはもちろんのこと、社会党のミッテランも政策を転換して、多くの分野でドゴールの路線を継承するが、内外の新事態にたいしては、もはやゴーリスムで対応することができない。そこから、一時鳴りをひそめていた共和主義が蘇生してきた。

前述のように、共和主義はドレフュス事件後の第三共和政の支配的政治文化だったが、一九四〇年の敗戦の責任がそれに帰せられ、四五年以後も人気がなかった。その理由は、ベルスタンによれば、国家の福祉政策が個人を保護するために、市民の連帯の魅力が減退したこと、著しい経済成長のため、共和主義の基礎とされた独立中間層（農業経営者、小企業家）からなる小所有者デモクラシーの社会理念が後退したこと、そして経済成長に抑制的な社会政策が時代錯誤とみなされたからである。

しかし、八〇年代はじめ、無限の経済成長への幻想が消え、価値体系の崩壊に不安が生じてくると、世論では共和主義がふたたび模索されはじめた。だが、その共和国モデルは、かつての反教権主義に燃えた第三共和政時代のような戦闘的モデルではない。ベルスタンによれば、現在の共和主義は、国家主権を溶解させない限りでの「グローバル化」の受け入れ、人権の擁護、社会関係の絆としての連帯、抑制された市場原理というテーマについての、ゆるいコンセンサス領域をつくる折衷的な政治文化なのである。ウルトラ自由主義、極左集産主義、排外的ナショナリズムがこれから排除される。

このことは、フランスという国家の性格が変わったということだろうか。

「フランスという例外」

「フランスという例外」という言葉がある。西欧諸国のなかで、近代フランスの発展の仕方がユニークだということをさす。端的にいうと、政治的対立が宗教的信念の闘いのように、妥協をまったく許さぬきびしいものとなり、そのため歴史が苛烈な革命や内乱の連続となる。この歴史的特徴が終焉したということだろうか。

現代史家ミシェル・ヴィノックは、この問題を、歴史的と社会学的との二系列から解釈している。歴史的解釈としては、近代フランスの政治が、その対立を妥協の余地のない宗教的・文化的対立にしたフランス革命の政治文化を継承していることをあげる。また社会学的解釈としては、フランスでは国家が早熟的に中央集権化するのにたいして、社会発展がおくれ、市民社会が未成熟なこと、そのため、集権国家と個人との間が空白となって、直接的な対立となるという。しかし、フランス革命の解釈に修正主義が登場したように、その政治文化の継承は清算されつつある。また経済成長によって、国家と社会のギャップも埋められつつある。

この観点からヴィノックは、一九八一年の大統領選挙におけるジスカールデスタンからミッテランへの政権交代、さらに八六年の保革共存(コアビタシオン)の出現を転換点とみる。政体の変更なしに選挙による右翼から左翼への大統領の交代、また大統領が議会多数派となった反対派政党を首相に任命することは、フランス近代史上まったくの異例なことであり、右翼・左翼の政党間にコンセンサスが存在し、この国が普通の二大政党制に接近しつつあることを示している、とみるのである。

私は、「例外」の問題は、本質的にはフランス革命におけるジャコバン主義の問題に通ずると考える。第6講で述べたように、フランス革命は本来、リベラルな改革を目指して開始したが、抵抗勢力、変革主体、民衆運動の三極構造が生まれる。そして、抵抗を除去するために変革主体が民衆運動と結合するのが、ジャコバン主義である。重要なことは、近代を創造するために近代とは異質の文化と交錯したことであり、この二つの異なる文化の反発と結合が、歴史の進行に一種独特の緊張と苛烈さを与えるのである。現在、文化の自律性をもつ民衆の世界は、マージナルな存在になりつつある。また、地域統合のすすむなかで、一国の「例外」の生ずる余地は少ない。その意味で、いま、転換期にあることは確実といってよい。

しかし、私はこの問題が直ちに解消しつつあると考えることはできない。何故ならば、第8講で述べたように、近代国家は多かれ少なかれ個性をもち、「例外」性とは実はこの個性のことでもある。そして、危機に際して共和主義にアイデンティティを求めようとするのがフランスの個性なのである。

共和主義とは、ややくり返しになるが、三極構造のなかで、変革の主体が局面の打開のため、自由と平等の二原理の統一を希求・模索する政治文化であり、社会党や共産党の左翼にとってのそのモデルは合理主義哲学、進歩の観念、反教権主義、国家にたいする個人の擁護といった第三共和政の伝統と結びついている。しかし、これにたいして、RPRやUDFの穏和右翼は、国民主権、法の前の平等を国民の既得権とみなしているが、むしろ共和国はあらゆる勢力を集合させる中立的な制度である、と考える。たとえば、共和主義の重要要因の一つである「ライシテ」(国家の世俗性)は、一方では国家にたいする教会の介入の排撃という反教権主義であり、他方では宗教を私的領域とみなし、国家を宗教にたいして中立的存在とする。換言すれば、「一つにして不可分」という戦闘的共和主義と、多様性の容認の上に立つコンセンサスの共和主義とがある。

現在は、地域世界統合(EU)、移民、環境というあらたに登場した争点とならんで、旧来の国民国家にかかわる争点がなおも生きている過渡期であり、共和主義の役割と形態は予測を許さない。その名のもとに人権の擁護もあれば、侵害もありうる。しかし、フランスの社会と国家の歩みは、人類にたいして多くの普遍的なメッセージをおくってきたことは明らかであり、今後、いかなる歴史の進路を選択してゆくか、見守ってゆくに値すると思う。

# あとがき

本書は、基本的にはフランス史の小規模な通史だが、10章に区分されている。普通の概説書ならば自由に章立てができるのに、わざわざ「10講」と限定している狙いは、なるべくテーマ性をもった章を設定し、それを連ねた鎖によって、特徴をもった「フランス史像」を浮かび上がらせることにある。先に刊行された『ドイツ史10講』で、著者の坂井榮八郎氏が書いているように、「決して大きな概説書の縮刷版などではなく、むしろ著者それぞれの歴史の見方・捉え方が強くにじみ出た通史」なのである。

誤解を避けるために、二つのことを書いておきたい。一つは、本文でも書いたように、フランス史という国民国家の歴史は自己完結した対象ではない。ヨーロッパあるいは世界全体の関連のなかで形成されてきた相対的なものであり、「フランス史像」といっても、これを固定的あるいは絶対的に考えるべきではない。そもそも国民国家そのものが、再検討を迫られているのが、現代である。

もう一つは、これと関連するのだが、国家の特徴といっても、近現代の国家はすべて「自由」

と「平等」の二構成要因を多かれ少なかれふくんでいる。「自由」だけでは弱肉強食となり、「平等」だけでは全体主義となり、どちらも観念としてはありえても、国家としては存続できない。国家の特徴とは、この相矛盾する二構成要因の関係のあり方であり、その変化の律動が、近現代の歴史となる。そして重要なことは、この律動を自覚することであり、それが本文でもいう国家のアイデンティティである。この点で、フランスは、常に最も自覚的な国だと思う。

本書はその性格上、史実に十分には立ち入っていない。もっと詳しくそれを知りたい方は、山川出版社の『世界歴史大系』の「フランス史」(柴田・樺山・福井編、三巻)、あるいは『新版世界各国史』の「フランス史」(福井編)、また近代以降に限られるが、ミネルヴァ書房の『フランス近代史』(服部・谷川編)、その改訂新版の『近代フランスの歴史』(谷川・渡辺編)を参照されたい。これらには、主要な邦語文献のほとんどがあげられている。また、個別テーマについては、白水社の「クセジュ文庫」が信頼できる標準的な史実と解釈を知るのに有益である。邦訳の出版されていない外国語文献はここでは省略するが、私自身が専門外の現代史でとくに役に立ったものだけをあげると、スイユ社の『新・フランス現代史』シリーズ(Nouvelle histoire de la France contemporaine, Paris, Seuil)のほか、セルジュ・ベルスタン、ミシェル・ヴィノック共編『フランス政治史』第四巻『共和政の再開』(Berstein, S. et Winock, M.(sous la dir. de), La République recommencée, Paris, Seuil, 2004)、ジャン－フランソワ・シリネリ編『一九一四年から現在までのフランス』(J.-François Sirinelli(sous la dir. de), La France de 1914 à nos jours, Paris, PUF, 2004)である。その社会政治史の解釈には負うところが大きいことを記しておく。

本書は私の種々の事情で、刊行が大変おくれた。その間、編集部の方々にはいろいろご迷惑をかけたが、とくに最終段階でお世話になった中西沢子さんにお礼申し上げる。

柴田三千雄

二〇〇六年四月

中扉写真出所一覧

第 1 講　*L'Histoire*, N° 96, janvier 1987, p. 107.
第 2 講　Burguière, A. et Revel, J.(sous la dir. de), *Histoire de la France: l'État et les pouvoirs*, Éditions du Seuil, 1989, p. 77.
第 3 講　*L'Histoire*, N° 210, mai 1997, p. 23.
第 4 講　個人所蔵
第 5 講　WPS
第 6 講　WPS
第 7 講　個人所蔵
第 8 講　*L'Histoire*, N° 155, mai 1992, p. 35.
第 9 講　ロイター＝共同
第10講　AP/WWP

柴田三千雄

1926年京都市生まれ．48年東京大学文学部西洋史学科卒業．東京大学教授，フェリス女学院大学教授を経て，東京大学名誉教授．2011年5月逝去．
専攻―フランス近代史
著書―『フランス絶対王政論』(御茶の水書房)『バブーフの陰謀』『近代世界と民衆運動』『フランス革命』(以上，岩波書店)『パリ・コミューン』(中公新書)『パリのフランス革命』(東京大学出版会) ほか

フランス史10講　岩波新書(新赤版)1016

2006年5月19日　第1刷発行
2025年7月4日　第23刷発行

著　者　柴田三千雄《しばたみちお》

発行者　坂本政謙

発行所　株式会社 岩波書店
〒101-8002 東京都千代田区一ツ橋2-5-5
案内 03-5210-4000　営業部 03-5210-4111
https://www.iwanami.co.jp/

新書編集部 03-5210-4054
https://www.iwanami.co.jp/sin/

印刷・精興社　カバー・半七印刷　製本・中永製本


ISBN 978-4-00-431016-7　Printed in Japan

# 岩波新書新赤版一〇〇〇点に際して

ひとつの時代が終わったと言われて久しい。だが、その先にいかなる時代を展望するのか、私たちはその輪郭すら描きえていない。二〇世紀から持ち越した課題の多くは、未だ解決の緒を見つけることのできないままであり、二一世紀が新たに招きよせた問題も少なくない。グローバル資本主義の浸透、憎悪の連鎖、暴力の応酬――世界は混沌として深い不安の只中にある。

現代社会においては変化が常態となり、速さと新しさに絶対的な価値が与えられた。消費社会の深化と情報技術の革命は、種々の境界を無くし、人々の生活やコミュニケーションの様式を根底から変容させてきた。ライフスタイルは多様化し、一面では個人の生き方をそれぞれが選びとる時代が始まっている。同時に、新たな格差が生まれ、様々な次元での亀裂や分断が深まっている。社会や歴史に対する意識が揺らぎ、普遍的な理念に対する根本的な懐疑や、現実を変えることへの無力感がひそかに根を張りつつある。そして生きることに誰もが困難を覚える時代が到来している。

しかし、日常生活のそれぞれの場で、自由と民主主義を獲得し実践することを通じて、私たち自身がそうした閉塞を乗り超え、希望の時代の幕開けを告げてゆくことは不可能ではあるまい。そのために、いま求められていること――それは、個と個の間で開かれた対話を積み重ねながら、人間らしく生きることの条件について一人ひとりが粘り強く思考することではないか。その営みの糧となるものが、教養に外ならないと私たちは考える。歴史とは何か、よく生きるとはいかなることか、世界そして人間はどこへ向かうべきなのか――こうした根源的な問いとの格闘が、文化と知の厚みを作り出し、個人と社会を支える基盤としての教養となった。まさにそのような教養への道案内こそ、岩波新書が創刊以来、追求してきたことである。

岩波新書は、日中戦争下の一九三八年一一月に赤版として創刊された。創刊の辞は、道義の精神に則らない日本の行動を憂慮し、批判的精神と良心的行動の欠如を戒めつつ、現代人の現代的教養を刊行の目的とする、と謳っている。以後、青版、黄版、新赤版と装いを改めながら、合計二五〇〇点余りを世に問うてきた。そして、いままた新赤版が一〇〇〇点を迎えたのを機に、人間の理性と良心への信頼を再確認し、それに裏打ちされた文化を培っていく決意を込めて、新しい装丁のもとに再出発したいと思う。一冊一冊から吹き出す新風が一人でも多くの読者の許に届くこと、そして希望ある時代への想像力を豊かにかき立てることを切に願う。

（二〇〇六年四月）